JN125896

凹《へこ》んでも大丈夫！

「逆境力」が育つ50の方法

足立啓美
Adachi Hiromi

PHP

はじめに

皆《みな》さんは、毎日の生活の中で、辛《つら》いな、困ったなと感じる出来事に直面したことはありますか？　勉強、友達関係、進路、部活や習い事の失敗、怪我《けが》や病気など、どんな人にも大変な出来事は起こり得ます。

今、とても輝《かがや》いていて、充実《じゅうじつ》した毎日を送っているように見える人でも、人生の逆境や悩《なや》みはあり、それはだれにとっても辛《つら》いことです。

人生の大変な出来事に直面すると、「もう無理だ」「なぜ自分だけがこんな思いをしなければいけないのか？」「まわりはみんなうまくいっているのに……」と感じ、何もかも投げ出したくなってしまうような経験はだれもがあるのではないでしょうか。

しかし、人はだれもが、その辛《つら》い状況《じょうきょう》から立ち直り、困難や悩《なや》みを乗《の》り越《こ》えていけることがわかっています。この力を「レジリエンス」と呼び、人生の逆境や困難に出会ったとき、あなたの味方となって、辛《つら》い出来事を乗《の》り越《こ》えて、それを力にする手助けをしてくれます。

そして、辛《つら》いときにはそう思えなくても、そのもがき苦しむ時間と、乗《の》り越《こ》えたときに得られる経験があなたのさらなる「生きる力」となっていきます。

だから、今、すごく辛《つら》くて、どうしようもないと思っていても、大丈夫《だいじょうぶ》。必ず、あなたの経験があなたを支えてくれる力になります。そのためのヒントをこの本ではお伝えしていきます。

なかには、「今は全然悩《なや》んでいないよ！」という人もいるかもしれません。そんな人には、長い人生の中で起こり得る大変な出来事にもし出会うことがあったら、この本を思い出してほしいなと思います。また、友達やあなたの大切な人が苦しい思いをしているとしたら、どんなふうに助けてあげられるか、考えてみてくださいね。きっと、あなたは友達のレジリエンスを育てるために必要な人ですから！

今の自分のレジリエンスの力を見てみましょう。

レジリエンス チェックリスト

以下の文章はあなた自身や考え方にどれくらい当てはまると思いますか？

どれくらい当てはまるか○（とても当てはまる）、△（やや当てはまる）、×（あてはまらない）で答えてみましょう。

17問答え終わったら、○は2点、△は1点、×は0点として、合計点を計算してみましょう。

	内 容	○、△、×	点 数
1	疲れやストレスがたまってきたときの自分自身のサインに気がつくことができる		
2	気持ちや感情について人と話すことは大切だと思う		
3	嫌なことがあってもそのことに振り回されない工夫ができる		
4	ネガティブな気持ちや考えが大きくなったとき、バランスの取れた見方をするよう切り替えられる		
5	困ったときは相談できる人がいる		
6	自分のことを大切に思ってくれる人がいる		
7	自分を支えてくれている人への感謝の気持ちを持って日々生活していると思う		
8	欠点があっても自分らしさを大切にしたい		
9	自分自身に大体満足している		
10	自分の強みや長所が何かを知っている		
11	自分には困難や挫折から立ち直る力や方法があると思う		
12	目標達成のために自分なりの方法を考えることができる		
13	どんなことでも、たいてい何とかなりそうな気がする		
14	自分には熱中できる好きなことがある		
15	自分の好きなこと、趣味などの時間を大切にしている		
16	大変なことやつらいことがあったとき、そこから学べることを見つけようとする		
17	失敗や挫折は人を成長させることができると思う		
		合計点	/34

それぞれの質問は、今現在、レジリエンスに関係する力が発揮でき たり、認識できているかを見るものです。本書を読む前と後での自分自身の変化を見てみてください。

©2022 一般社団法人日本ポジティブ教育協会

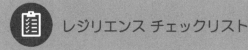

もくじ

1章

逆境に負けない！　心の回復力「レジリエンス」とは？

contents

2章 ネガティブ感情と上手に付き合う方法

3章

変化に対応する力を育てよう！

contents

4章 失敗するから力が育つ

5章 だれかとのピンチを乗《の》り越《こ》える力

6章 自分らしさが最大の武器になる

1章

逆境に負けない！心の回復力「レジリエンス」とは？

方法
01

逆境力「レジリエンス」とは何かを知ろう

「レジリエンス」とは、逆境に耐《た》える力、困難に負けない力、立ち直る力のことを指します。実はこのレジリエンスという力は、日本でも、世界でも、大切な力であると注目されているのです。

現代に生きる私たちは、ウイルスのパンデミック、地震《じしん》や大雨などの自然災害、戦争やテロなど、大きな逆境や変化を体験しています。

皆《みな》さんもその一人で、必死に大きな変化に適応しようと心も体も頑張《がんば》っています。

本来、人にとって生活の変化、これまでの毎日が変わるという経験は、心に負担がかかることなのです。この数年で体験した大きな変化の中、ここまで頑張《がんば》ってきた皆《みな》さんは、レジリエンスという力を発揮しながら、同時にレジリエンスを育てているとも言えるのです。

私たちの人生において、自然災害や戦争のような世界的な問題もあれば、勉強や友達関係、家族との関係や将来のこともあり、悩《なや》みは尽《つ》きませんね。その悩《なや》みが自分にとって大きな出来事であればあるほど、思《おも》い悩《なや》む時間が増え、心もダメージを受けてネガティブ感情から抜《ぬ》け出《だ》せなくなり、エネルギーをなくしてしまいます。

それは、大人も一緒《いっしょ》です。

しかし、人にはだれでもレジリエンスという心の力があり、そこから立ち直っていくことができることを思い出してみましょう。

学校生活では、最初は新しい環境《かんきょう》や勉強への適応から始まり、学校に少し慣れてきたら次は人間関係の難しさや、勉強の大変さも感じるかもしれません。またさらに人間関係も複雑になり、これまでうまくいっていたことが、うまくいかない経験をするかもしれませんね。卒業間近になれば、進路や将来への希望や漠然《ばくぜん》とした不安も多くなり、ストレスも溜《た》まりやすくなります。学校を卒業したあとの人生においても、小さな困難から大きな逆境までさまざまな場面に遭遇《そうぐう》することもあるでしょう。その一つ一つを乗《の》り越《こ》えていくことで、レジリエンスは育っていくのです。

大変に思えることばかり並べてしまいましたが、もちろん、楽しいこと、充実《じゅうじつ》感や達成感を感じることもたくさんありますよね。自分の興味のある分野について勉強ができたり、部活で最後まで頑張《がんば》り続ける達成感を味わったり、同じ物事に興味のある仲間ができたりもするでしょう。このような経験は、困難を乗《の》り越《こ》えるときの大きな力になってくれます。

今、自分はレジリエンスがないなと思っていたとしても大丈夫《だいじょうぶ》です。なぜなら、**レジリエンスは身につけることができるスキルなのです。そして何歳《なんさい》からでも育てることができるとわかっているのです。**

方法 02 折れてもいい! 凹《へこ》んでもいい! 立ち直り力を育てよう

「自分は、だれかに言われた一言に傷ついて、泣いてしまうことがある。だから心が弱いんだ」

と、教えてくれた中学生がいました。傷ついて、泣いてしまうことは、心が弱いということなのでしょうか? では「心が強い」とはどういうことなのでしょう。

ネルソン・マンデラは、反アパルトヘイト運動を主導し、27年の獄中《ごくちゅう》生活を経験したのちにノーベル平和賞を受賞して、南アフリカの大統領になりました。彼《かれ》は、「生きるうえで最も偉大《いだい》な栄光は、決して転ばないことにあるのではない。転ぶたびに起き上がり続けることである」という名言を残しています。

ここでとても大切なことが2つあります。

1つ目は、**だれの人生においても、転んで辛《つら》い思いをすることがある**ということです。その中には、自分のせいじゃないのにということもあるでしょう。

2つ目は、うまくいかないこと、辛《つら》い出来事があれば、**だれもが落《お》ち込《こ》んだり、悩《なや》んだりすることもある**ということです。どんなに辛《つら》いことがあっても、平気、元気、気にしない！　という心を持つことが大切なのではなく、**落《お》ち込《こ》んでもそこから立ち直っていく力が大切**であるということなのです。

まさにこれはレジリエンスと呼ばれる、心の力となります。

私たちは、ついつい、どんなストレスや悩《なや》みにも動じない心が強い心であると思ってしまいがちですが、実は、落《お》ち込《こ》んだり、傷ついたりしながら、**そこから立ち直る力も心の強さと言える**のです。だれかに傷つくことを言われてしまったら、落《お》ち込《こ》んで当然です。それだけ真剣《しんけん》にその言葉を受け止めているからこそなのですから。でも**大切なのは、そこからどう立ち直るかということ**なのです。

【心の力について考えてみよう】

3つのコップを心にたとえてみましょう。

・ステンレス：力を加えてもびくともしない。＝ストレスや嫌《いや》なことがあっても全く動じない。平気な心。

・ガラス：力を加えると粉々になる。＝脆《もろ》い。弱い心。

・プラスチック：力を加えるとくちゃくちゃになる。＝傷はつくけど、伸《の》ばせばコップに戻《もど》る。**＝レジリエンス!**

方法 03

さまざまなレジリエンスの形を知ろう

友達、家族、または有名人で、「レジリエンス」（逆境力・回復力）が高いと思える人をあげてください。

その人はどのような心の力を持っていると思いますか？

・仕事で大変なときも諦《あきら》めずに頑張《がんば》っているお父さん。

・イライラしていたはずなのに、翌日には元気で明るいお母さん。

他におじいちゃんやおばあちゃん、友達や有名人など、それぞれに思いつく人がいたのではないでしょうか？

そして、その人たちはどんな力を持っているか考えてみましょう。

ここでレジリエンスを発揮した人を紹介《しょうかい》しましょう。

身近な例として、アニメの主人公にレジリエンスを発揮する姿を見ることができます。

例えば、『鬼滅《きめつ》の刃《やいば》』吾峠呼世晴《ごとうげこよはる》（集英社）の竈門炭治郎《かまどたんじろう》や『ONE PIECE《ワンピース》』尾田《おだ》栄一郎《えいいちろう》（集英社）のモンキー・D・ルフィなどです。炭治郎《たんじろう》は、家族を失った悲しみを背負いながら、鬼《おに》にされてしまった妹を人間に戻《もど》すためにさまざまな敵と戦います。自分で自分を励《はげ》ます姿や、目の前のできることをコツコツと積み重ねていく姿はまさにレジリエンスを発揮していると言えるでしょう。

ルフィは、もともと前向きな性格ですが、辛《つら》い出来事があったときには、仲間や師《し》匠《しょう》の助けを得て立ち直る経験をしています。

また歴史的人物からレジリエンスを発揮した人を見つけることもできます。

例えばヘレン・ケラーです。聞こえない・見えない・話せないという三重苦と呼ばれる障害を持ちながら、サリバン先生の助けをもとに彼女《かのじょ》らしい人生を歩み始めました。彼女《かのじょ》は「一つの幸せのドアが閉じるとき、もう一つのドアが開く。しかし、私たちは閉じたドアばかりに気を取られて開いたドアに気がつかない」「世の中は辛《つら》いことでいっぱいですが、それに打ち勝つことも満《み》ち溢《あふ》れている」という言葉を残しています。100%理想の状態でなくても、自分が手にしているものに目を向けて、そこから自分らしい人生を生きることができることを教えてくれる名言です。

このようにアニメのキャラクターや、歴史上の人物を振《ふ》り返《かえ》ってみても、たくさんの人々が大変な状況《じょうきょう》を乗《の》り越《こ》える力を発揮しています。**レジリエンスはだれもが持っている生きる力**であることがわかります。

ただ、**立ち直る過程で使う力は人それぞれ**です。他人の助けが力になる人もいれば、状況《じょうきょう》をありのままに受け入れていくことが役に立つ人もいます。またその状況《じょうきょう》によっても変わるでしょう。

この書籍《しょせき》を通して、皆《みな》さん自身がどのようなレジリエンスを持っているのか？ 一緒《いっしょ》に考えていきましょう。だれかができたから同じように立ち直らないといけないということはありません。

自分にとってのレジリエンスを見つけることは、自分の特性を理解して、自分の生き方の専門家になるということでもあります。他人と一緒《いっしょ》でなくても大丈夫《だいじょうぶ》です。

あなたは自分自身をしっかりと理解して、あなたの生き方のスペシャリストになってください。

方法

04

レジリエンスが自立を支える力となる

皆《みな》さんは、中学生や高校生になって変化したなと思うこと、ありますか？
「思春期」という言葉を聞いたことがあるかもしれませんね。11歳《さい》ごろ～18歳《さい》ごろの時期で、体と心の変化が大きく、だれもが不安定な気分になりやすいと言われています。また「私はどう生きたらいいのか？」「自分らしさとは何か？」と自分を客観的に見るもう一人の自分が意識されるようになり、心が大きく揺《ゆ》れ動《うご》くことが多くなるのです。

このような時期ですから、親や先生から言われることに対して、嫌《いや》な気持ちになることもあるかもしれません。自分の考えで動いていきたいという気持ちと、気にかけてほしいという気持ちの葛藤《かっとう》があるかもしれません。

友達との関係も以前よりも敏感《びんかん》になり、「嫌《きら》われていないかな？」とか「友達にどう思われているんだろう？」と不安になったりすることもあるでしょう。

また、異性への関心も高くなり、友達同士で性を意識した話をすることも増えるかもしれません。また、興味を持つ趣味《しゅみ》や音楽などが幅広《はばひろ》くなっていくことがあるかもしれません。

こんなふうに、だれにとっても、自身の内面も他者との関係性も変化を感じる年齢《ねんれい》なのです。

これは自立への一歩を踏《ふ》み出《だ》しているからこそその変化ということを覚えておいてください。

自立とは、だれかに自分の面倒《めんどう》を見てもらうのではなく、自分でできることは自分で行うことです。ただ、いつでもひとりで全てを背負っていくということではなく、困ったときにはまわりに助けを求めることができるということも自立において重要な要素です。

どんな状況《じょうきょう》であっても、自分の望む道を選択《せんたく》して、行動できる**幸せな大人になるために**は、**この「自立」が大きな鍵《かぎ》を握《にぎ》っている**のです。皆《みな》さんは、今まさに、一歩一歩自立に向かって歩んでいる最中なのです。

自立の過程には、逆境や困難、親との関係性の変化など、乗《の》り越《こ》えなければいけないことがたくさん出てきます。その際に、**レジリエンスという力が皆《みな》さんの味方になってくれる**のです。

方法

05

自分らしい幸せを探してみよう

幸せな人生とはどのような人生でしょうか？ 皆《みな》さんはどんなときに幸せだな〜と感じますか？

友達と遊んでいるとき？ 美味《おい》しいものを食べたとき？ 新しい服を買ってもらったとき？ テストで良い点が取れたとき？ サッカーやダンスをして夢中になっているとき？

実は人が幸せになるための研究がなされています。そこでわかったことは、ただ単に楽しいということだけでなく、「だれかと良いつながりがあること」や、「目標を達成すること」、「夢中になったり没頭《ぼっとう》すること」も幸せには欠かせない要素であるとわかりました。他にも幸せの要素がこちらです。

【幸せの要素】

●ポジティブ感情

楽しい！　うれしい！　興味があるなどの**ポジティブな気持ちになること**。ポジティブな気持ちは、気分が良いだけでなく、身心のエネルギーアップにつながり視野を広げ成長させてくれます。

●エンゲージメント：主体的関与《かんよ》・没頭《ぼっとう》

読書や料理など、**夢中になったり没頭《ぼっとう》できることがあること**。夢中になってあっという間に時間が過ぎる活動をするとき、自然な高揚感《こうようかん》を感じてリフレッシュしたり元気になります。

●関係性

友達や家族などと良い関係を築いていること。人とつながっていると感じると、人は幸せを感じます。

●意味・意義

動物を大切にするなど、**自分にとって大切な意味のあることを行うこと。**自分なりの意味を見つけられれば、嫌《いや》なこと、苦しいことにも幸せを感じます。

●達成

できなかった技《わざ》ができるようになった、テストでいい点がとれた！　などの達成。**目標を持って取り組み、やり遂《と》げると達成感と自信が生まれます。**繰《く》り返《かえ》し挑戦《ちょうせん》する過程で得られる成長のプロセスに幸せを感じます。

●健康

心も体も健康であることがとても大切です。良い睡眠《すいみん》、良い食事、適度な運動ができているでしょうか？

ワーク

皆《みな》さんはどんな幸せの種を持っていますか？　考えてみましょう。

●ポジティブ感情

Q．ここ1週間くらいの中で、何かポジティブな感情を感じましたか？　それはどんなときでしたか？　どんな気持ちでしたか？

●エンゲージメント

Q．時間を忘れて夢中になることはありますか？　それは何をしているときですか？

●関係性

Q．あなたをサポートしてくれる人（特に大変な状況《じょうきょう》のとき）頼《たよ》りになる人、好きな人はだれですか？　どれだけ少なくてもどれだけたくさんでも大丈夫です。その人たちを思い出すとどんな気持ちになりますか。

● **意味・意義**

Q. あなたが心から大切だと感じることは何ですか? これだけは譲《ゆず》れないという思いや考え方、守りたいものなどを書いてみましょう。

● **達成**

Q. 1カ月くらいで達成したい目標は何ですか? そのために今からできることは何でしょう?

● **健康**

Q. しっかり眠《ねむ》れていますか? しっかりご飯を食べられていますか? 運動もできていますか? 体が健康になるためにできることを考えてみましょう。

方法

06

「幸せ」の落とし穴に注意しよう

1．大変な状況《じょうきょう》の中では幸せになれないと思《おも》い込《こ》んでしまう

逆境や困難があっても幸せになれることもわかっています。

人生で大変なことがあると、幸せにはなれないと感じてしまうことがあります。

しかし、大変な状況《じょうきょう》の中でも喜びや感動を味わうことができますし、その出来事から新しく得られることもあるのです。

例えば、友達と大ゲンカをして落《お》ち込《こ》んでいても、ペットと触れ合うと癒《い》やされる気持ちになります。部活動の試合で負けて悔《くや》しい気持ちでいっぱいでも、美味《おい》しいご飯を食べると元気が湧《わ》いてきたりします。そしていつの間にか辛《つら》い気持ちよりも、喜びや元気なポジティブな気持ちのほうがいっぱいになっているということもあるので

す。

2. 幸せはすぐに消えてしまう

私たちは良い出来事があれば幸せに感じますが時間とともに慣れが生じると、幸せを感じにくくなることもよくあります。手に入れる前には「あれがあったら幸せだよね」と思っていても、実際に手に入れてしばらくすると、足りないものに目が向いてしまいそれを幸せとは思えなくなることは、だれもが経験したことがあるでしょう。また他人と比べたり、小さなうまくいかないことが気になって、幸せとは思えなくなってしまうこともあるかもしれません。

まわりと比べてしまうときには、他人と比べるのではなく自分の成長に目を向けてみましょう。

大好きと思って始めたのにどんどん慣れてつまらないと感じることもあります。そんなときは少しだけ新しいことを取り入れてみましょう。新鮮《しんせん》な気持ちでまた大好きなことに取り組めるようになるでしょう。

小さなことが気になって嫌《いや》な気持ちになるのなら、大きな視野で見てみることをお勧《すす》めします。大好きな友達の気になる部分にばかり気を取られていたら、素敵《すてき》な部分を見逃《みのが》してしまうかもしれません。

幸せと一言で言っても、色々なことが重なって人の幸せを形作っていることがわかりますね。

困難から立ち直るためのスキルを身につけるとともに、**幸せに生きる力を育てていくことも豊かな人生には欠かせません。**

人生にアップダウンはつきものです。レジリエンスを発揮しながら、幸せを感じる力を育てていくことができれば、あなたらしい幸せで豊かな人生に近づきます。

幸せな人生には、立ち直る力と幸せになる力の両方が必要なのです。

方法07 逆境を成長へと変えよう

人生においては、楽しいことだけではありません。困難や逆境の中にいると、自分だけ辛《つら》い思いをしている、他の人は全てがうまくいっていると感じることもあるでしょう。

また、この苦しみから抜《ぬ》け出《だ》すことは到底《とうてい》できないと感じることもあるでしょう。あるいは、友達やメディアの中の人と比べて、落《お》ち込《こ》むこともあるかもしれません。

しかし、人生は長く、人生の幸せはそのときだけではかることができません。

だれもが知る「うさぎとかめ」のお話では、最初はうさぎが勝っていましたが、最後にはかめが勝ちました。最初の時点で比べていたらうさぎのほうがうまくいっていると思うかもしれませんが、終盤《しゅうばん》では逆転しているのです。もちろん、人生は他の人と比べるものではありません。ただ、**現状だけを見てうまくいっている、うまくいっていないと判断することはできない**ということなのです。

そして、もっと大切なことは、その道のりで何を得たかということ。それは助けてくれる仲間かもしれませんし、傷ついた経験から身につけた優《やさ》しさかもしれません。乗《の》り越《こ》えるために学んだ知恵《ちえ》ということもあるでしょう。このように**人生の道のりで何を得られたかということが人生において、とても大切**なのです。

何を得られたかに注目してみると、大変な状況《じょうきょう》を乗《の》り越《こ》えたあと「大変なことがあったけど、そのおかげで手に入ったこともあるな」と感じ、成長につながる経験をすることも多くあります。

まるで、大変な道のりの中で邪魔《じゃま》に感じる小石を拾いながら歩いていき、頂上に到《とう》着《ちゃく》して手にした小石をよく見てみたら、キラキラと光る宝石であったという経験です。すぐにはわからないかもしれませんが、長い人生の中で、このように感じる経験をすることも多くあるのです。

2章

ネガティブ感情と上手に付き合う方法

方法
08
ネガティブ感情の特徴《とくちょう》を知ろう

Aくんは志望校合格を目指して勉強を頑張《がんば》っています。

でも最近、部活でレギュラーから外されたり、好きな女の子からフラれたり、嫌《いや》なこと続きで、勉強に熱が入りません。

気分を切《き》り替《か》えようとゲームをすると、長時間になり、後悔《こうかい》の念に駆《か》られます。

そして、本当は勉強を頑張《がんば》らないといけないとわかっているのに、できない自分に怒《いか》りを感じてイライラして、家族に八つ当たりしてしまいます。

そうなると何日かそのような嫌《いや》な気分から抜《ぬ》け出《だ》せなくなってしまいます。

Bさんはとても明るくて元気な女の子です。学校でも中心的な人物で、習い事でも大活躍《だいかつやく》しています。Bさんは友達と一緒《いっしょ》におしゃべりしている時間がとても好きです。でも、時々ふと「もしかしたら私は嫌《きら》われているかもしれない……」と不安になります。気になり始めると、気分が落《お》ち込《こ》んで、なかなか抜《ぬ》け出《だ》せなくなります。小学生のときにいじめられた経験を思い出して、恐怖《きょうふ》がよみがえってきてしまうのです。

このようにネガティブな気持ちや考えが膨《ふく》らんで、困った経験がありませんか？ 過去の辛《つら》い出来事を思い出して苦しくなったり、将来のことを考えて不安になったりすることは大人でもあります。

そんなとき、怒《いか》り、落《お》ち込《こ》み、不安、イライラ、挫折感《ざせつかん》、恐怖《きょうふ》などネガティブな気持ちでいっぱいになると、そこから抜《ぬ》け出《だ》せなくなってしまうように感じるものです。そうするとやる気がなくなってしまうことも。

では、こんなとき、Aくん、Bさんはどうしたら良いのでしょうか？

まずは、ネガティブな気持ちについて理解を深めてみましょう。

方法09

ネガティブ感情を大切にしよう

私たち人間がネガティブな感情を抱《いだ》くのには理由があります。それは、命を守るために必要な力だからです。人間が狩《か》りをしていた時代を想像してみましょう。散歩をしていると木の陰《かげ》から猛獣《もうじゅう》があなたを狙《ねら》っています。カサッと音がした瞬間《しゅんかん》、「怖《こわ》い！」という感情から「逃《に》げる」という行動をします。狩《か》りに出る前に「不安」と感じるからまわりに気を配ったり、準備をしたりします。

もし「何だろう？　見てみよう！」と興味いっぱいに近づいていったら、猛獣《もうじゅう》にパクリ！　と食べられてしまいます。

恐怖《きょうふ》は、逃《に》げるという行動につながり命を守ってくれるのです。恐怖《きょうふ》以外にも、例えば、憂《ゆう》うつな気持ちは、心と体を休めるサインですし、不安は準備をする行動につながります。また、怒《いか》りは大事なものや人を守るために戦う力となるのです。

このように、**ネガティブ感情はないと困る、大切な感情**です。そして、**命を守るために、人の脳はネガティブ感情を抱《いだ》きやすくできている**のです。

人の脳を見てみると、この古代の人々がよく使っていた「古い脳」と現代に生きる私たちが発達させてきた「新しい脳」の部分があり、私たちの行動を決めています。古い脳は、命を守ることが最優先で、ネガティブ感情を感じたら危険信号を発して即《そく》行動します。

一方、新しい脳は、とても冷静で合理的です。物事を冷静に判断して、的確な行動をしようとします。どちらも大切な脳の働きではありますが、古い脳が過《か》

剰《じょう》反応して、働きすぎると必要以上にネガティブな反応が大きくなり、冷静に考えることが難しくなってしまうのです。

ネガティブ感情だけではなく、**ネガティブな記憶《きおく》やネガティブな出来事も人の心に残りやすい**と言われています。

たくさん褒《ほ》められても、一つ嫌《いや》なことがあったら、それが気になってしまうのは、この脳の特性からなのです。

方法10 「ネガティブ沼《ぬま》」にハマったことに気がつこう

ネガティブ感情は私たちの命を守るために存在するものです。脳は目の前の状況《じょうきょう》が危険であると判断すると、命を守るためだけに集中します。そしてあなたの体も危険に対応できるように変化します。危険が迫《せま》ったときには、主に「戦うか」「逃《に》げるか」そしてどちらも無理なときには「固まる」という反応をします。

体は、すぐに戦えるように心拍数《しんぱくすう》を上げたり、今は不要な消化の働きを弱めたり（＝腹痛につながる）、目の前の危険だけに集中できるように新しい脳からの信号を無視したり（＝冷静に考えられない）というような変化をします。

まさに、古い脳が大活躍《だいかつやく》をして、新しい脳は出番なしの状態です。

このようなときには、事実ではないことを想像しがちで、冷静に考えられないので考えが極端《きょくたん》になってしまい、ネガティブなことばかりを考えてしまうのです。

こんなふうに、ネガティブな気持ち、ネガティブな考え、それに伴《ともな》う体の変化が私たちのエネルギーを奪《うば》って、さらに最悪な状態に引《ひ》きずり込《こ》み、悪循環《あくじゅんかん》を起こすことがあります。

Aくんも Bさんも最初のきっかけでネガティブな気持ちになりますが、その後、どんどんそのネガティブな気分から抜《ぬ》け出《だ》せなくなっていきましたね。

実は、これもネガティブな感情の特性なのです。ネガティブ感情、ネガティブな考えは、頭にこびりついてなかなか離《はな》れることがありません。

こんなふうに、ネガティブな気持ち、ネガティブな考え、さらに体の変化の3つが重なると、まるで「ネガティブ沼《ぬま》」にハマって出られなくなってしまうのです。その

状態で何か良いことがあってもそれに気がつけないですし、状況《じょうきょう》を冷静に見ることもできなくなってしまいます。

大人でも、だれもがこのような状態になることがあります。

大切なのは、ネガティブ沼《ぬま》にハマり続けないこと！　そこから抜《ぬ》け出《だ》していくことなのです。

方法

11

上手な抜《ぬ》け出《だ》し方《かた》・良くない抜《ぬ》け出《だ》し方《かた》を知っておこう

Aくんは、部活でレギュラーから外れ、好きな女の子にフラれてから勉強に身が入りません。好きな人と両思いでなかったAくんはとても悲しかったでしょう。レギュラーから外れて、とても悔《くや》しかったでしょう。

そこで気分を切《き》り替《か》えようとゲームをしますが、なかなかやめられません。気分を切《き》り替《か》えようとすることは、とても良いことですが、そのやり方がちょっと良くなかったですよね。

だれもがついついダメだとわかっていても、長時間ゲームをしたり動画を観《み》たり、家族など身近な人に八つ当たりしたりして気持ちを何とかしようとすることがあるかもしれません。大人でも、不健康に食べすぎてしまったり、感情的に怒鳴《どな》ってしまったりすることも……。しかし、これらの切《き》り替《か》え方《かた》は、勉強の時間がなくなる、家族との関係が悪くなるなどの別の問題を生んでしまいますから、良い方法とは言えないのです。

だれとも話さず部屋にこもる人もいます。一時的に気持ちを落ち着かせるためには有効でしょう。しかし、そうしていてもネガティブ沼《ぬま》から抜《ぬ》け出《だ》せない場合には、別の方法が取れると良いですね。

このような問題を生まない科学的に証明された「嫌《いや》な気持ちから抜《ぬ》け出《だ》す方法」を次にご紹介《しょうかい》しましょう。

方法
12
緊張《きんちょう》でいっぱいなときの脱出法《だっしゅつほう》！

Cさんの場合

Cさんは、テスト前やクラス発表の前に緊張《きんちょう》してしまいます。いざ本番となると、不安でいっぱいになり、本来の力が発揮できません。自分にとってとても大切なことだから緊張《きんちょう》します。そして、簡単に達成できない「挑戦《ちょうせん》」だからこそ不安になります。

このように、真剣《しんけん》に物事に向き合って挑戦《ちょうせん》しようとするからこそ、不安と緊張《きんちょう》でいっぱいになるのです。真剣《しんけん》に向き合うことは、とても素晴《すば》らしいこと。

簡単にできることだけやっていれば、緊張《きんちょう》することも不安になることもありません。自分のできる範囲《はんい》、安心できる範囲《はんい》から少し背伸《せの》びして出ていくことは、コンフォートゾーン（ストレスや不安のない状態でいられる範囲《はんい》）から出ると表現され、自分の成長には欠かせない経験となります。

そのときは不安でいっぱいでも、やり遂《と》げたときには、きっと別の気持ちも生まれるでしょう。

不安と緊張《きんちょう》でいっぱいのときには、「深呼吸」をお勧《すす》めします。呼吸は自分でコントロールすることができます。呼吸を整えると、気持ちも落ち着いてきます。自身の呼吸に意識を向けて、ゆっくり吐《は》いて、ゆっくり吸ってを繰《く》り返《かえ》し行ってみましょう。次に、息を吐《は》いていくときに疲《つか》れやイライラなどネガティブ感情が出ていくイメージで吐《は》いてみまし

ょう。吸うときは光り輝《かがや》くような空気が全身に行き渡るイメージで吸ってみましょう。

深呼吸をすることで集中力がアップし、心や頭がスッキリするようになります。緊《きん》張《ちょう》感でいっぱいのとき、不安でいっぱいのとき、自分の呼吸に意識を向けてみましょう。

方法13 イライラしたときの脱出法《だっしゅつほう》！

Dさんの場合

Dさんは、学校で先生に叱《しか》られてイライラすると兄弟や家族に八つ当たりしてしまいます。ぶっきらぼうに返事をしたり、家族からの言葉を無視したりすることもあります。良くないな……と頭では思うのに、イライラいっぱいの状態から離《はな》れられません。

このようにストレスや嫌《いや》なことが重なって心がいっぱいになってしまったとき、ついつい心許せる家族や友達に八つ当たりしてしまうことがあるかもしれません。しかし、このようなことを続けていると、大切な友達や家族との関係が悪くなってしまいますよね。

そんなときは呼吸法に加えて、「運動」という脱出《だっしゅつ》方法をお勧《すす》めします。**運動は、思春期のホルモンの変化による不安定さを抑《おさ》えてくれる役割があると**言われています。

皆《みな》さんが大好きな体を動かす活動は何でしょうか？

ジョギングやサッカーなどの運動だけでなく、近所を散歩すること、伸《の》びなどのストレッチでも十分効果があります。

方法 14 モヤモヤしたときの脱出法《だっしゅつほう》！

Eさんの場合

Eさんは、友達に言われた何気ない一言が気になってしょうがなく、モヤモヤした気持ちでいっぱいです。友達に「ムカつく！　もう絶対遊ばない！」とメールをしてしまいそうになりましたが、それもちょっと違《ちが》うな……と感じています。

こんなふうに、自分の気持ちがモヤモヤして理解するのが難しいなと感じることもあるでしょう。そのようなときには、「ライティング」という脱出法《だっしゅつほう》をお勧《すす》めします。

これは、だれかや何かに気分を害されたときに、自分の気持ちや考え、イメージを文字や絵にしていく方法です。

例えば、「○○ちゃんに～と言われて、とても嫌《いや》な気持ちになった！　イライラする！」というようにできるだけ自分の気持ちを正直に書くようにしていきます。

文字にするのが難しい場合は、ペンや色鉛筆《いろえんぴつ》でぐるぐる紙に書きなぐっても同じ効果が期待できます。体験を通して、どのような気持ちになったのかを書き出してみることは、ネガティブ沼《ぬま》からの脱出《だっしゅつ》に役立ちます。

また、**感情のままに行動するのではなく、一旦《いったん》、自分の気持ちを見つめてから行動する力を育てることは、より良い人間関係を築くうえで欠かせない力です。**気持ちを書き出してみたり、なぐり書《が》きで感情を表現したりすることで、どんな気持ちの変化があるか見てみましょう。

方法
15
未来が不安なときの脱出法《だっしゅつほう》！

Fさんの場合

Fさんは、将来が不安でしょうがありません。志望校に受かるかな？　受からなかったらどうしたらいいの？　将来どうするの？　と未来のことを考えると不安でいっぱいになってしまいます。そうすると、何も手につかなくなってしまい、元気がどんどんなくなっていきました。

将来のことを考える力はとても大切です。小さなころにはそこまで見通す力はありませんので、成長の証《あかし》といえます。

しかし、人生にはコントロールできることと、できないことがあります。人の気持ちゃ天気などはだれもコントロールすることができません。一方で、自分の物事の見方、自分が他者とどう関わるか、ということは自分で決めることができます。

コントロールできないことばかりに目を向けていると、とても苦しくなってしまうのです。そんなときには、**まず自分ができることに力を注いでみましょう。特に、夢中になって没頭《ぼっとう》できる活動がお勧《すす》め**です。皆《みな》さんは、どんなことをしているとあっという間に時間が過ぎて、そして活動をしたあと元気になれますか？　読書？　お料理？　スポーツ？

方法16 妬《ねた》んでしまうときの脱出法《だっしゅつほう》！

Gさんの場合

Gさんはクラスの友達がとても羨《うらや》ましいと思っています。仲良しの友達がたくさんいるし、勉強もできるし、部活も頑張《がんば》っている。いわゆるリア充《じゅう》そのものです。それに比べて、自分の生活は全く冴《さ》えない……と考えていると自分の嫌《いや》なところや、できていないところが気になって、自分を責めてしまいます。

人はそれぞれの特性を持っていて、これまで生きてきた環境《かんきょう》も違《ちが》います。そして大勢でワイワイするのが楽しい人もいれば、少人数でじっくりと話をするのが好きな人もいます。人はだれ一人として一緒《いっしょ》の人はいません。ですから、他人と比べても得られることはないのです。

比べるとしたら、過去の自分と今の自分を比べて、どれくらい成長したか、変化したかという視点が大切です。

自分の特性を理解し、大切にしてください。人と同じように何かをする必要はありません。自分にとって何が大切なのか？　どんなふうに友達と関わりたいのか？　自分自身に聞いてみてくださいね。

とはいえ、人間だれもがつい人と比べてしまうこともあります。大切なのは、比べたことによってネガティブ感情でいっぱいになったら、まずはそこから脱出《だっしゅつ》すること。そのために、音楽の力を借りることも一つの方法です。皆《みな》さんは、どんな音楽を聴《き》くとリラックスできますか？　元気になりますか？

歌を歌ったり、楽器を演奏したりすることも同様の効果があります。

ネガティブ沼《ぬま》から脱出《だっしゅつ》するために大切なのは、**あなたにとって気持ちが楽になる方法を見つけること**です。そして、**自分にも他の人にも優《やさ》しい（＝別の問題を生まない）**

方法を元気なときにリストアップしておきましょう。

ワーク

□気持ちが落ち着く呼吸法は？　するとしたら場所はどこ？
□好きな運動は？
□ライティングはいつ？　どんなふうにする？
□自分が何もかも忘れて打《う》ち込《こ》める活動は？
□お気に入りの音楽は？　気分が上がる音楽は？　気持ちが落ち着く音楽は？

このような活動を行ってみて、気持ちが前向きになったり、リラックスできたり、リフレッシュできたりしましたか？　そのときの感覚を感じてみましょう。そしてそのときの感覚をイメージとして持っておきましょう。

方法 17
自分に思いやりを向けよう

失敗してしまったとき、後悔《こうかい》したとき、悲しいとき、「もっと頑張《がんば》れ！」とか「ああすればよかったのに！」と自分を責めてしまうこともありますよね。

でもそんなときは、「そのときのベストを尽《つ》くしたよね。こんなふうに辛《つら》くなることはだれもがあるよ」とありのままの自分を受け止め、思いやりある言葉を優《やさ》しく自分にもかけてみてほしいのです。実は、こんなふうに自分に優《やさ》しく思いやりを向けることは、「セルフコンパッション」と言い、逆境を乗《の》り越《こ》える力になることがわかっているのです。またテストで失敗したとき、自分に厳しい言葉をかけたほうが良いと思う人も多いのですが、実は自分に思いやりや励《はげ》ましを向けるほうがやる気につながることもわかっています。

うまくいかないと
辛いよね。
がんばって
きたよ。

セルフコンパッションの効果は、ストレスを減少させるだけでなく、幸福感を高めると言われています。セルフコンパッションを育てる方法はいくつかありますが、自分なりに落ち着くジェスチャーをしてみましょう。例えば、両手で自分をぎゅっと抱《だ》きしめたり、自分の肩《かた》にトントンと優《やさ》しく手を添《そ》えたり、自分に優《やさ》しさを向けられるジェスチャーを探してみてくださいね。思いやりの言葉も自身に伝えてみましょう。

セルフコンパッションが育っていくと、強いネガティブ感情に耐《た》える力が養われ

ていきます。不快感とともにいられるようになるのです。そうすると、自分を責めたり、他者を批判しすぎることなく、自分の感情や思考をそのまましっかりと感じられるようになります。ネガティブ沼《ぬま》に陥《おちい》らずに、自分の思いや考えに気がつくことができます。

結果的に、自分の考えや態度・行動を適切に選ぶことができるようになります。つまり、気持ちを大切にし人生を自分で選択《せんたく》することにつながっていくのです。

方法
18

ポジティブ感情とネガティブ感情のバランスを取ろう

ここまでネガティブ沼《ぬま》からの抜《ぬ》け出《だ》し方《かた》をお伝えしてきました。感情にはネガティブ感情だけではなくポジティブ感情もあります。例えば、うれしい！（喜び）、やってみたいな（興味）、リラックスする気持ち（安らぎ）、わ〜すごい！（畏敬《いけい》）などがあります。ポジティブ感情についてはP127で詳《くわ》しく紹介《しょうかい》しますが、私たちを元気にしてくれるエネルギーのもととなります。

いつでもポジティブ感情でいられたら……と思うものですが、前にも述べたように、人生では色々なことがありますから、ネガティブになることだって当然あります。命を守る大切な感情でしたよね。

大切なのは、ネガティブ感情とポジティブ感情のバランスです。ネガティブ感情よりポジティブ感情を何倍も多く感じることで、ポジティブ感情のエネルギーをもらうことができます。

人が1つネガティブなことを感じたら、その3倍ポジティブなことを感じられればポジティブ感情からの力をもらえるという研究もあります。

1：3の比率が正しいかどうかは議論がありますが（研究結果は日々変化しています！）ネガティブ感情を感じやすい私たちの脳の特性を考えると、より多くのポジティブ感情が必要であることは理解できますね。

嫌《いや》なことがあった日でも、楽しいこと、うまくいったことなど自分の気持ちが前向きになれることにより注目することで、この比率をポジティブなほうに持っていくことができるのです。

方法19
複雑な自分の気持ちを受け止めよう

自分の気持ちと仲良くなるのは、大人にとっても簡単なことではありません。なぜなら人の気持ちは複雑だからです。多くの場合は、一つの感情だけを抱《いだ》くのではなく、いくつかの感情が混じり合っているのです。

ポジティブ感情とネガティブ感情が混じり合うことだってよくあります。例えば、親友が良い成績を取ったとき、うれしく誇《ほこ》らしい気持ちとともに、ちょっぴり悔《くや》しいなという気持ちが生まれるかもしれませんね。または、新しいことに挑戦《ちょうせん》するとき、ワクワクする気持ちと同時に怖《こわ》いな……という気持ちが生まれることもあるのではないでしょうか。

このように、一見相反する気持ちを持つことは、人として当然の心の動きです。友達のことなんだから喜んであげなきゃ！　とか、挑戦《ちょうせん》を怖《こわ》がらないで頑張《がんば》らなければ！と無理に思う必要はありません。自分が持つさまざまな気持ちに、正しいや間違《まちが》いはありません。

自分はうれしいしちょっと悔《くや》しい、ワクワクするし怖《こわ》い、そんな気持ちになっているんだな、と感じたままの気持ちを自分自身で受け止めてあげてくださいね。

そんなふうに、**複雑な自分の気持ちを受け止められるようになるほど、気持ちと仲良くなることができます。つまり気持ちと上手に向き合えるようになります**。また、他の人の複雑な気持ちも受け止めてあげられるようになりますよ。

あなたの気持ちはどれもとても大切です。自分の気持ちとは一生付き合っていくのですから、よく耳を傾《かたむ》けて何を伝えようとしているのか聞いてあげましょうね。

3章

変化に対応する力を育てよう！

方法

20

捉《と》え方《かた》を変えれば行動が変わる――「心のしくみ」を知ろう――

部活でレギュラーから外されてしまったAさんとBさん。

Aさんは、「絶対にベンチなんて嫌《いや》だ！　ありえない！」と落《お》ち込《こ》み、部屋にこもって練習に行かなくなりました。Bさんは「しょうがない。たくさん練習して、試合に出られるように頑張《がんば》ろう！　仲間も応援《おうえん》しよう」と前向きな気持ちで練習に行きました。

二人とも同じ状況《じょうきょう》なのに、Aさんは落《お》ち込《こ》み、Bさんは前向きな気持ちになっています。そしてその後の行動も全く違《ちが》います。なぜでしょうか。

それは、出来事の捉《とら》え方《かた》、考え方が影響《えいきょう》しているのです。

状況	頭の中の声（捉え方・考え方）		気持ち（感情）		行動
レギュラーから外れた	絶対にベンチなんて嫌！ありえない！	⇨	落ち込み	⇨	部屋にこもる
	しょうがない…たくさん練習して試合に出られるように頑張ろう	⇨	前向きな気持ち	⇨	練習に行く

©一般社団法人日本ポジティブ教育協会

Aさん

「絶対にベンチなんて嫌《いや》だ！　ありえない！」（捉《とら》え方《かた》）↓落《お》ち込《こ》み（感情）↓部屋にこもる（行動）

Bさん

「しょうがない。たくさん練習して、試合に出られるように頑張《がんば》ろう！　仲間も応援《おうえん》しよう」（捉《とら》え方《かた》）↓前向きな気持ち（感情）↓練習に行く（行動）

方法
21
捉《とら》え方《かた》が感情を決めることを知ろう

前の例を見てもわかるように、同じ出来事が起こっても生まれる感情は人それぞれです。これはなぜなのでしょうか？

私たちの**心と体の反応は「起こっている事実」それ自体によって決まるのではなく、自分自身がその事実を「どのように捉《とら》えるか」によって決まる**のです。

心と体の反応には、感情だけではなく、体の感覚も変化します。例えば、落《お》ち込《こ》んで胸がぎゅーっと締《し》めつけられるような感覚です。

そして、落《お》ち込《こ》み、一人部屋にこもったりイライラして物に当たるなどその気持ちや感覚に応じた行動をします。ネガティブな捉《とら》え方《かた》は、ネガティブ感情を生み、ネガ

©一般社団法人日本ポジティブ教育協会

ティブな行動につながるというわけです。

多くの人は、何か出来事があると、その出来事によって自分の気持ちが変化すると思っています。しかし、実はそうではなく、その出来事に対する捉《とら》え方《かた》によって気持ちが変わるのです。そしてその気持ちから行動を起こします。捉《とら》え方《かた》は自分のクセのようなもの。同じような事が起こると無意識にいつもの捉《とら》え方《かた》をし、気持ち・行動も同じような反応となります。多くの場合、立ち止まってその捉《とら》え方《かた》に気がつくことはなかなかできません。

方法
22

自分の中の会話に注意を向けてみよう

自分はどんな捉《とら》え方《かた》をしているのだろうと思い返すと、まるで心の中で自分自身が会話しているように感じるかもしれません。人は、だれもが頭の中で会話をしています。

例えば、遅刻《ちこく》しそうな朝に「早くしなければ！　遅刻《ちこく》したらやばいよね」とか、「友達を遊びに誘《さそ》おうかな～でも用事あるかな？」など、あなたの頭の中では自分との会話や呟《つぶや》き（セルフトークと言います）をしています。

人は計画を立てたり、問題解決策を考えたり、自分の気持ちを言葉にしたりと、心の中で自分自身とコミュニケーションを取ります。そして、心の中の会話を全て声に出すことはありません。ときに、頭の中で考えていることとは逆のことを口に出すこともありますよね。

人はだれもが自分の頭の中で会話をしていますから、セルフトークを行うこと自体は当然であり、問題ありません。しかし気をつけたいことは、どのような会話をしているかということなのです。

まずは、**自分がどんな会話を心でしているのか、一度立ち止まって、見てみることから始めてみましょう。**あなたを元気にしてくれる会話ですか？ もしくは、落《お》ち込《こ》んでしまうような会話でしたか？

方法

23

よくあるネガティブな捉《とら》え方《かた》を知っておこう

これから、私たちがよくするネガティブな捉《とら》え方《かた》を7種類ご紹介《しょうかい》します。いずれもだれもがよく頭の中でしている捉《とら》え方《かた》です。そして、これらの捉《とら》え方《かた》をすると、どんなネガティブな気持ちになるか、ということもわかっているのです。

ここでは、わかりやすいように、ネガティブな捉《とら》え方《かた》を私たちの肩《かた》に乗り「耳元でささやくオウム」にたとえて紹介《しょうかい》します。

皆《みな》さんは、このオウムくんたちのように物事を見ることがありますか？　もしあるとしたら、きっとあなたの肩《かた》にこれらのオウムくんが乗って、あなたに向かってささやいているのでしょう。そして、あなただけではなく、友達や先生、お母さんやお父さんも同じようにこのような捉《とら》え方《かた》をすることがあるのです。

Cさんの非難オウムくん

出来事
また遅刻《ちこく》して先生に叱《しか》られた

捉《とら》え方《かた》
お母さんが起こしてくれなかったから遅刻《ちこく》した！『もういいかげん、朝は自分で起きなさい』って言ってたけど、先に起きているんだから、起こしてくれればいいじゃん！ 遅刻《ちこく》したのはお母さんのせいだ！

感情
イライラ。

行動
八つ当たり。

特徴
非難オウムは、「うまくいかないのはだれかのせいだ！」「自分は悪くない！」とすぐに他の人のせいにします。頑固《がんこ》で意見を変えず、物事を極端《きょくたん》に白黒はっきりさせたいと考えます。よく怒《いか》りを感じています。

対処法
冷静になれば、自分でアラームをセットしたり、起きないときは起こしてとお願いするような工夫《くふう》をすることもできます。非難タイプのオウムが出てきたら、自分が責任をもつことがあるのではないか?、工夫《くふう》できることがあるのではないか? と考えてみましょう。

Dさんの諦《あきら》めオウムくん

出来事 明日はテスト。一夜漬《いちやづ》けで勉強できると思っていたけど、範囲《はんい》が広すぎて全然進まない。気がついたらもう、夜の11時に。眠《ねむ》たくなってきた。

捉《とら》え方《かた》 もう無理だよ。やっぱり、自分にはこの科目、できるわけないんだ。

感情 不安。

行動 投げやりになって寝《ね》てしまう。

特徴 諦《あきら》めオウムは、問題を目の前にすると立ちすくみ、動けなくなります。全てのことは自分にはコントロール不可能であると考え、チャレンジすることを

対処法

諦《あきら》めてしまいます。無気力さ、脱力《だつりょく》感などを抱《いだ》くことが多くなります。完璧《かんぺき》にできなくても、できるところまで頑張《がんば》ることが大事です。今回であれば、全てを勉強できないのは仕方ないけど、次のテストは早めに予定を立てて勉強しよう！　そして、眠《ねむ》いし、無理かもしれないけれど、できるところまで頑張《がんば》ってみよう！　と経験を学びとして今できることに注目することで気持ちが変化します。諦《あきら》めオウムが出てきたら、どんなことでも今の自分にできることは何か考えてみましょう。

Eさんの心配オウムくん

出来事

F子ちゃんにSNSのメッセージを送った。既読《きどく》がついていたけれど、返事がない。最近F子ちゃんは、Gさんとよく一緒《いっしょ》にいる。

捉《とら》え方《かた》

既読《きどく》スルーされたんだ（涙《なみだ》）。F子ちゃん、私のこと嫌《きら》いになったのかもしれない。GさんとSNSで私の悪口を言っているかも……。

感情

不安、恐《おそ》れ。

行動

F子ちゃんを避《さ》けたり、強く当たったりする。落《お》ち込《こ》んで、友達と遊ばなくなる。

特徴

心配オウムは、未来のことを心配しすぎます。状況《じょうきょう》がどうなるかわからないのに、ネガティブな結果になるに違《ちが》いないと思《おも》い込《こ》んでしまうのです。些細《ささい》な出来事を大惨事《だいさんじ》のように考えてしまうこともあります。このタイプは不安、恐《おそ》れ、緊張《きんちょう》などの感情になります。

対処法

将来のことや他者の気持ちはだれにもわかりません。

F子ちゃんはただ忙《いそが》しいだけかもしれませんし、後でゆっくり返事をしたいと思っているかもしれません。またGさんと仲良しな様子を見ているかもしれませんが、悪口を言っているかはわからないはずです。

F子ちゃんはEさんもGさんもみんなで仲良くしたいと思っているかもし

れませんよね。

もし、本当に考えていることが現実であればとても辛《つら》いですが、自分が元気になれる考え方を取り入れることができます。

お友達との関係は変わっていくものです。とはいえ、とても不安になりますね。

また、今はうまくいかないと思っていても、努力や工夫《くふう》で、うまくいくこともあります。不安になるときは、どんなことが起こったらうれしいか、そしてそのためにどんなことができるのかを考えてみましょう。

Hくんの正義オウムくん

出来事

部活の顧問《こもん》の先生は、Iさんばかりを褒《ほ》めて、レギュラーに選ぶ!

Jさんだってうまいし、僕《ぼく》だって頑張《がんば》っているのに……。

捉《とら》え方《かた》

不公平だ！　絶対にえこひいきしている！　顧問《こもん》は、部活の全ての部員に対して平等に注意したり、褒《ほ》めたり、活躍《かつやく》の場を与《あた》えるべきだ！

感情

怒《いか》り。

行動

部活の顧問《こもん》を大嫌《だいきら》いになって避《さ》ける、部活に行かなくなる。

特徴

正義オウムは、いつも「正しいか正しくないか」や、公平さということをとても気にしています。神経質で、正義を貫《つらぬ》きます。間違っていると思うと、嫌悪《けんお》や怒《いか》りを感じます。

対処法

人にはそれぞれ大切にしている価値観があります。ときに、それが相手と違《ちが》うと、批判したり、違《ちが》う！　と強く言いたくなることも。

しかし、その価値観は、はっきりと良い悪いが決められるもののほうが少なく、「それもわかるよね」「これくらいは理解できるよね」と相手の意見も一理あることのほうが多いです。

だれもが自分の考えが一番正しいと思いがちですが、相手の立場になってみると、相手の大切にしていることが見えるかもしれません。顧問《こもん》は、顧問《こもん》の視点から見て公平に接しているかもしれませんし、何らかの意図があって選手を決めているかもしれません。

正しいか、正しくないかという視点はひとまず置いておき、まずは相手はどんな考えなのか耳を傾《かたむ》けてみましょう。

Kくんの敗北者オウムくん

出来事
片想《かたおも》いの好きな子がいる。

捉《とら》え方《かた》
僕《ぼく》のことなんて、絶対に好きになってくれないよ。Lくんに比べたら、僕《ぼく》なんか勉強も苦手だし、カッコよくないし、好きになってもらえるはずがない! 絶対に無理!

感情
落《お》ち込《こ》む、憂《ゆう》うつ。

行動 告白しない。ずっと他の人と比べて落《お》ち込《こ》んでいる。

特徴 敗北者オウムは、他人と比較《ひかく》して自分は他人より劣《おと》っていると思《おも》い込《こ》んでいます。敗北感、劣等感《れっとうかん》、憂《ゆう》うつなどの感情に支配されます。

対処法 人はみんなそれぞれ素敵《すてき》なところや得意なことがあります。

例えば、勉強ができる、スポーツが得意など、目に見えてわかる得意なところもありますし、優《やさ》しい、思いやりがあるなど、性格的な面で素敵《すてき》なところもあります。

ついつい、見える部分だけを人と比べて落《お》ち込《こ》んでしまうことが多くなってしまいます。

自分の素敵《すてき》なところを見つけて、自分らしさを大切にできると、まわりにも自分を大切にしてくれる人が来てくれますよ。

Mさんの罪悪感オウムくん

出来事
数学のテストを前に、過去問が手に入ったら教えてね! とNさんに言われていました。Mさんは塾《じゅく》で過去問を手に入れましたが、クラスで1番を取りたいと思っていたので、Nさんには教えませんでした。Nさんは数学で追試となりました。

捉《とら》え方《かた》
過去問を渡《わた》さなかった私は友達失格だ。

感情
罪悪感、不安。

行動
友達から距離《きょり》を置いて、自分の悪いところばかりを考える。

特徴
罪悪感オウムは、全て自分自身が悪いと考えがちで、自分を責めることに多くの時間を費《つい》やします。それによって罪悪感、不安、焦《あせ》りなどの感情が生じます。

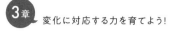

こうした感情に浸《ひた》っていると、さらにその感情が増幅《ぞうふく》されます。ネガティブ沼《ぬま》にハマりやすい捉《とら》え方《かた》と言えます。

対処法

人生で後悔《こうかい》することはだれでもあります。こうしておいたらよかったな、もっと私（僕《ぼく》）がこうしていたら良い結果になったのかな？　と考えることは大人でもよくあることです。

しかし、自分を責め続けていると、今からでもできる前向きな行動が取れなくなってしまいます。

自分がクラスで1番になりたいから、友達に過去問を渡《わた》したくない。それは、決して悪い気持ちではありません。そして、友達が落第点を取った原因は、あなたの責任ではありません。もちろん、過去問を渡《わた》していれば……という気持ちも理解できますが、テストは勉強の仕方も含《ふく》めて自分で取り組むものなのです。そして、これから追試を受ける友達を助けてあげることはできます。

Oくんの無関心オウムくん

出来事
進路について意見を聞かれる。将来就きたい仕事について聞かれる。

捉《とら》え方《かた》
別にどうなっても興味ないし。今考えたくないし。

感情
無関心、脱力《だつりょく》、今が良ければいい。

行動
将来について考えず、今自分がしたいことを、したいときにする。

特徴
無関心オウムは、問題から目をそむけて、放っておけばそのうち問題が解決すると信じ、将来のことを考えません。脱力《だつりょく》、今のことだけ良ければいい、将来について無関心などの気持ちになります。

対処法
だれもが問題から距離《きょり》を置きたいときには無関心になることで自分の心を守ろうとします。将来のことは未知のことですから、不安にもなりますし、よくわからないという感覚にもなるでしょう。ときに、考えるのもめんどくさいなと感じるかもしれません。

最近、こんなふうに感じることが多いという人は、心の休憩《きゅうけい》が必要かもしれません。

でも、ずっとこの状態が続いているのであれば、自分にできることは何かな？　と、お手伝いでも、勉強でも、自分の意見を伝えるでも、自分から行動をしてみることをお勧《すす》めします。行動が変わると結果が変わっていきますよ。


皆《みな》さんはどんなオウムくんがよく現れますか？「全部！」という人もいるかもしれませんし、「学校や家では違《ちが》うタイプのオウムくんが出てくる」という人もいるかもしれません。

このようなオウムくんがあなたの中にいることは、決して悪いことではありません。

実は、だれもが、人生のさまざまな場面でこれらのオウムの捉《とら》え方《かた》をすることがよくあるのです。

大切なのは、自分がどんな捉《とら》え方《かた》をしているのかに気がつくことです。つまり、どんなオウムくんがあなたの肩《かた》にいるかに、気がついてあげることが大事なのです。

ワーク

あなたの頭の中でよく登場するのは、どのネガティブオウムでしょうか?
あなたのネガティブオウムはどんなセリフを言っていますか?
オウムのネガティブな言葉を書いてみよう。

例)
＊どうせ自分なんかにできるわけないよ。
＊もっとひどいことになったらどうしよう。

方法

24

捉《とら》え方《かた》の証拠《しょうこ》を集めよう

あなたの中にいるオウムくんに気がつくことができたら、そのオウムくんが話していることをよく聞いてみましょう。つまり、自分がどんな捉《とら》え方《かた》をしているのか、よく見てみることが大切なのです。

次に、その捉《とら》え方《かた》（オウムくんのセリフ）が事実で正しいことなのか、証拠《しょうこ》集めをします。

Ｐ子は週末に友達と泊《と》まりで遊びに行きたいけれど、父親は中学生で友達との外泊《がいはく》はまだ早いと言って、許してくれません。Ｐ子はそのせいで自分が友達の輪から外されないか心配しています。しかし、彼女《かのじょ》がどんなに父親に訴《うった》えても、遊びに行くことを許してもらえません。父親は「親の言うことを聞きなさい」と繰《く》り返《かえ》すだけです。父親と話すといつも口論になってしまいます。P子は自分の部屋に駆《か》けていき、ドアに鍵《かぎ》をかけ、ベッドに倒《たお》れ込《こ》んで泣きます。父親が自分のことを理解してくれないと思っているのです。

皆《みな》さんは、P子さんにはどのオウムくんが現れたと思いますか？　外泊《がいはく》をしてはいけないという父親に対してP子さんは、「父親が自分のことを全く理解してくれない」と捉《とら》えており、怒《いか》りや悲しみを感じていますね。

その捉《とら》え方《かた》は、事実で正しいのでしょうか？

もしかして、オウムくんが極端《きょくたん》に考えすぎているのではないか？　ということを検証する必要があります。そのためには、証拠《しょうこ》集めが重要です。

「父親は自分のことを全く理解してくれない」という考えは事実で正しいこと？

そうだよねと「支持する事実」と、そんなことないよねと考えに「反する事実」があるか集めていきます。大切なのは、「事実」を振《ふ》り返《かえ》って見ていくことです。

【支持する事実】

・親友と外泊《がいはく》するだけなのに、だれと行くかも聞かずに頭ごなしにダメだと言う。

・グループで私だけダメと言われてるのに、仲間外れになっちゃうことを理解してくれない。

【反する事実】

・いつも「今日はどんな1日だった？」と聞いてくれる。

・前に友達とケンカしたときにはずっと話を聞いてくれた。

・宿題が大変なときには一緒《いっしょ》に考えて教えてくれる。

支持する事実と反する事実を天秤《てんびん》にかけてみましょう。どちらの証拠《しょうこ》がたくさん集まったでしょうか。

多くの場合、すべてが支持する事実、もしくはすべてが反する事実、ということはありません。

この証拠《しょうこ》集めができたら、今度は、バランスの取れた考え方にオウムくんのセリフを修正していきましょう。

例えば、「父親にダメだと言われて悲しい。でも、普段《ふだん》、私のやりたいことをやらせてくれる父親がダメだと言うんだから、父親は私のことを考えてくれているのかもしれない。それに、今はまだ早いって言ったから、大学生になったらいいのかもしれない」というように、オウムくんのセリフを少し変えていくのです。

しかし、物事の捉《とら》え方《かた》を変えるというのはとても難しいことです。その際に、次のページで紹介《しょうかい》する方法が役に立ちます。

方法
25
捉《とら》え方《かた》を変えるための3つの視点から考え直してみよう

①別の見方をしてみると？（憧《あこが》れの人や尊敬できる人なら、どう考える？）
②より現実的に見てみると？（探偵《たんてい》になったつもりで事実を集めよう）
③落ち着いて、広い視野で見てみると？（気球に乗って状況《じょうきょう》を上から見てみよう）

最初に感じたことを180度変えることは非現実的です。私が悪いと思っていたのに、私は全然悪くない！　とは思えませんし、将来はうまくいかないと思っていたのに、将来は100%思い通り！　なんて思うことはできません。現実的ではないですよね。

出来事：あいさつしたのに返事がなかった

ポイントはちょっとだけ変えてみるということなのです。考え方をちょっとだけ変えれば、気持ちもちょっとだけ変わっていきます。そうすると行動は大きく変わるのです。

ワーク

P85で書いたネガティブなオウムくんのセリフを3つの視点をもとに書き直してみましょう。どんな気持ちになるでしょうか？

方法
26
物事を両面から見てみよう

どんな物事にも、必ず良い面と悪い面の両面あります。例えばコップ半分の水を「半分もある」と見ることもできますし、「半分しかない」と見ることもできます。

ものの見方の枠《わく》（フレーム）を変えることを「リフレーミング」と言います。メガネをかけ替えると考えてみるとわかりやすいかもしれません。

電車が20分遅《おく》れているという状況《じょうきょう》に対して、「予定が狂《くる》うから困る」と見ることもできれば、「時間ができたから本が読める」と見ることもできます。ある人は、リフレーミングを使って大きな開発に結びつけました。

1968年のことです。研究者、スペンサー・シルバーは、接着力の強い接着剤《せっちゃくざい》の開発を行います。ところが、「よくつくけれど、簡単にはがれてしまう」奇妙《きみょう》な接着剤《せっちゃくざい》が出来上がりました。接着剤《せっちゃくざい》としては明らかに失敗作です。

しかし、彼は少し視点を変えて見てみました。そして生まれたのがポスト・イットです。

視点を変えてみると、失敗もチャンスに変わることがわかります。

物事には、良い面と悪い面があるようです。そして、それは私たちがどんなフレームを通して見るのかによって変わるのです。

ネガティブな捉《とら》え方《かた》に気がついたら、フレームを変えてみましょう。状況《じょうきょう》を別のフレームで見ることができないか、考えてみると行《い》き詰《づ》まったときの突破口《とっぱこう》になるかもしれません。

方法
27
自分を元気にしてくれるオウムくんを見つけよう

あなたの肩《かた》に乗ってささやくオウムくんは、ネガティブなオウムだけではありません。もちろん、ポジティブな声をかけてくれるオウムくんもいるのです。困難を目の前にして「頑張《がんば》って！　あなたならできる！」というふうに、自分を励《はげ》ましてくれたり、「それは辛《つら》いよね……」と受け止め、声をかけてくれるオウムくんです。

皆《みな》さんには、実際に今、どんなポジティブなオウムくんがいるでしょうか？　どんな言葉をかけてもらえると元気になれるでしょうか？　やる気が出るでしょうか？

ある人は、「やればできる！」とささやくやる気オウムくん、「転んでも立ち上がればいい!」とささやく七転び八起きオウムくん、「それでいいよ」とささやく幸せオウムくんなどを描《か》いてくれました。皆《みな》さんも挑戦《ちょうせん》してみてくださいね。

ワーク

1. ポジティブなタイプのオウムくんの名前を書いてみよう。
2. オウムくんがささやくセリフ(言葉)を書いてみよう。
3. オウムくんの絵も描《か》けたら描《か》いてみよう。

方法
28
怒《いか》りに乗っ取られたときは、まずはストップ！ してみよう

Qさんは、お母さんが小言を言い始めると、考えることなく「もうやめて！」と大きな声で怒鳴《どな》ってしまいます。体が勝手に反応してしまうのです。

「古い脳」に乗っ取られているなと頭では理解できるのにです。

そんなときには、まずは言動をストップ！ してみましょう。頭で考える必要はありません。とにかく、行動を起こすことや、何か言葉を発することをストップするのです。ときにその場から離《はな》れることも助けになります。

そして、何度か大きく深呼吸をしましょう。深呼吸をすることで体の反応は落ち着いてくるはずですから、落ち着いたら、一体何が問題だったのかを考えてみましょう。

もしかして、自分の捉《とら》え方《かた》が怒《いか》りに影響《えいきょう》していないでしょうか？ それとも捉《とら》え方《かた》を

変えてみても、やっぱり怒《いか》りの気持ちでいっぱいになるでしょうか?

方法
29
問題解決の力を育てよう

人生の中には、物事の捉《とら》え方《かた》とは関係なく、辛《つら》い気持ちになる出来事もあります。これは困難に直面したときに、自分でコントロールできることと、できないことがあるからなのです。好きな人が自分のことを好きになってくれるかはコントロールできません。一方で、魅力的《みりょくてき》な人になれるように努力することはコントロールできることです。

お母さんが小言を言うことはコントロールできませんが、それにどう反応するかは自分で決めることができます。

もし、捉《とら》え方《かた》を変えてみてもネガティブ感情がおさまらないときは、コントロールできないことを変えようとしていないか確認してみましょう。

自分が起こした行動によって何らかの結果が得られると人は「コントロールできている」と感じることができます。

例えば、スイッチを押《お》して電気がつけば、自分が電気をつけたと思えますよね。しかし、スイッチを押《お》しても電気がつかず、何もしていないのに突然《とつぜん》電気がついたり消えたりしたら？　自分が電気をコントロールしている感覚は持てないのではないでしょうか。

このように、**人生に起こる出来事を「コントロールできている」と感じることで人生の満足度をアップさせます**し、逆境を乗《の》り越《こ》えることにもつながります。

ですから、**自分にコントロールできることとできないことを知ること、そしてコントロールできることに取り組むことが大事**なのです。

方法

30

今できることに注目しよう

アメリカの心理学者で、「ポジティブ心理学の父」とも呼ばれている、マーティン・セリグマンが１９６７年に発表した心理学理論に、学習性無力感というものがあります。

学習性無力感とは、「自分の行動が結果を伴《ともな》わないことを何度も経験していくうちに、やがて何をしても無意味だと思うようになっていき、たとえ結果を変えられるような場面でも自分から行動を起こさない状態」のことを言います。セリグマン博士は「自分の行動が結果を伴《ともな》わないと感じると無力感に陥《おちい》る」ということを実験で明らかにしました。また、その状態は、うつ病の引き金となりうる、「大切な人を失うこと」や「大きな失敗」などの辛《つら》い出来事と同じであると言いました。

この学習性無力感は、日常生活の中でも見られます。何度挑戦《ちょうせん》しても、うまくいかない経験をしたら挑戦することさえも諦めてしまうのです。そんなときには、目標をスモールステップに分けて「できた!」という感覚を取《と》り戻《もど》せると良いでしょう。また、うまくいかなかったとき、その状況《じょうきょう》をどのように捉《とら》えているか考えてみましょう。人生はそこで終わりではありません。ここからできることは何かに注目してみましょう。

方法
31
自分と他者の責任を分けてみよう

何か困ったこと、大変なことがあったら、問題の原因になっていることを全て書き出してみましょう。

今日Rさんは、体育館でクラスメイトのSさんに意地悪なことを言われました。その時いつも仲良くしているTさんは近くにいたのに助けてくれませんでした。落《お》ち込《こ》んだ気持ちで家に帰ってきたのです。

Rさんは、この問題の原因を書き出してみました。

・Sさんは気に入らないことがあるとすぐにだれかに意地悪なことを言う。

・Sさんは最近いつもイライラしている。
・Tさんが助けてくれなかった。
・私は意地悪を言われても何も言い返せない。
・Sさんが意地悪を言うせいで、私は自分がダメな人間に思えてくる。
・気の合う友達が少ない。

この中で、Rさんにコントロールできることは？　できないことは？

Rさんは、リストの最後3つが自分にコントロールできると感じました。一方で最初の3つはコントロールできないことなので、気にすることをやめました。すっぱりと考えないようにすることは難しかったので、できるだけコントロールできることをどうしたら良いか？　ということに意識を向けました。

方法
32
問題解決につながる行動をリストアップしよう

コントロールできることとできないことに分けた後は、コントロールできることについて考えることが大事でした。

Rさんは……

・私は意地悪を言われても何も言い返せない。
・Sさんが意地悪を言うせいで、私は自分がダメな人間に思えてくる。
・気の合う友達が少ない。

ということについて考えてみることにしました。
それぞれを、以下のような目標に置《お》き換《か》えて、どのような行動ができるのかを考えてみたのです。

・私は意地悪を言われても何も言い返せない。

目標 自分が楽に学校で過ごせるようになりたい。

行動1 意地悪を言われたらケンカにならないように思いを伝える。

行動2 意地悪を言う子には近づかない。

・Sさんが意地悪を言うせいで私は自分がダメな人間に思えてくる。

目標 自分はダメな人間ではないと思いたい。

行動1 毎日うまくいったことを書き出す。

行動2 自分のいいところを家族に聞いてみる。

・気の合う友達が少ない。

目標 気の合う友達を作る。

行動1 趣味《しゅみ》のグループに入る。

行動2 気になるクラスメイトに声をかけてみる。

▼**地図のようにする**

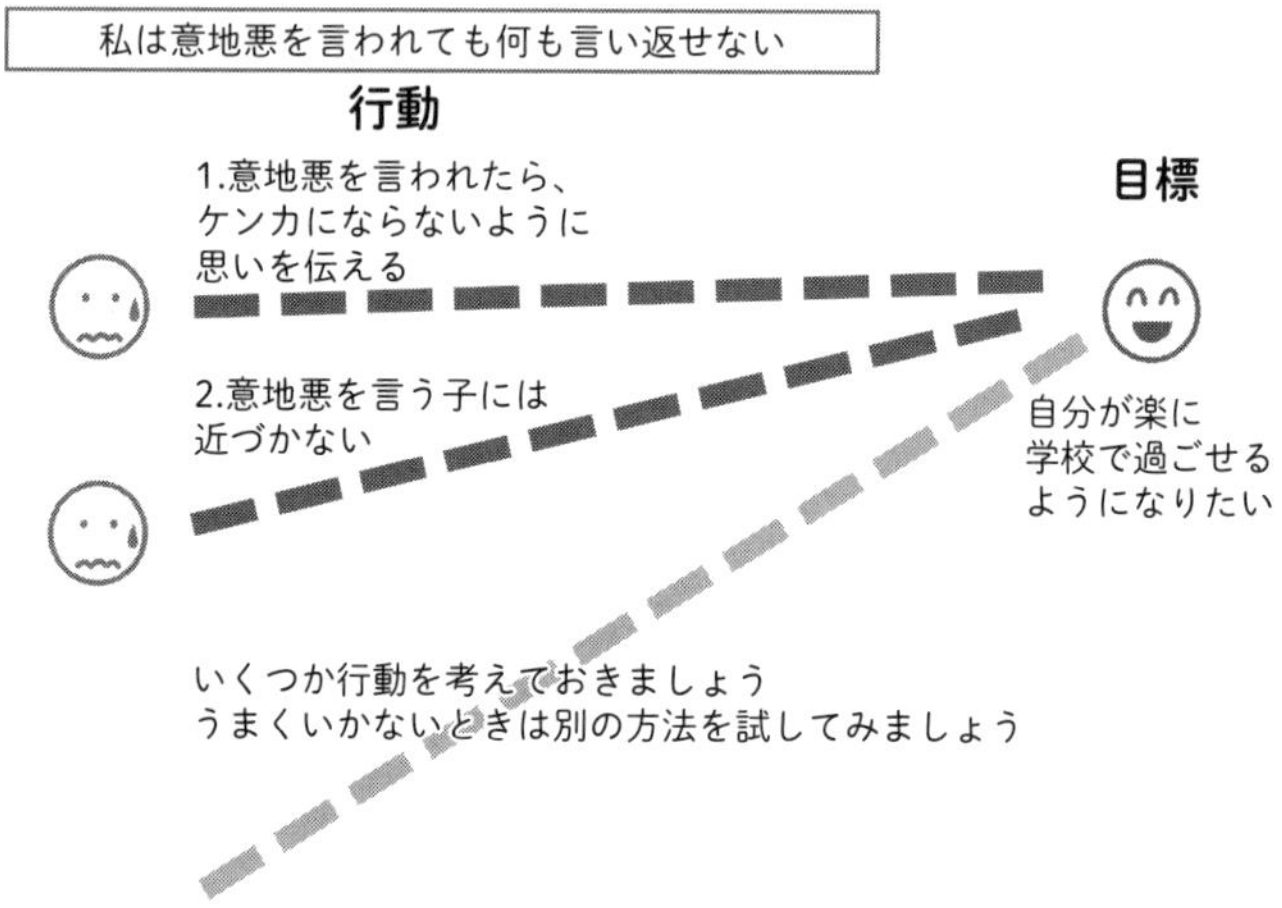
私は意地悪を言われても何も言い返せない
行動
1.意地悪を言われたら、
ケンカにならないように
思いを伝える
2.意地悪を言う子には
近づかない
目標
自分が楽に
学校で過ごせる
ようになりたい
いくつか行動を考えておきましょう
うまくいかないときは別の方法を試してみましょう

また、問題解決のための行動を取るときに、6章で紹介《しょうかい》するあなたの「強み」を使うことが役に立ちます。

6章であなたにどのような強みがあるのか、一緒《いっしょ》に見ていきましょう。

4章

失敗するから力が育つ

方法
33
マインドセットを理解しよう

これまで多くの研究者が「人々の能力の違《ちが》い、性格の違《ちが》いは、どう生まれるのだろうか?」と考えてきました。

ある人は、「遺伝」と考え、ある人は「脳の働き」の違《ちが》いと考え、ある人は「頭蓋《ずがい》骨《こつ》の形」の違《ちが》いと考える。色々な考えが出てきました。しかし、多くの研究者は、能力や性格は、経験やトレーニングなどが影響《えいきょう》して変化しうると考えました。

皆《みな》さんは人は生まれつき能力や性格が決まっていて、生涯《しょうがい》変わらないと思いますか?もしくは、人の能力や性格は自分の努力によって変えられると思いますか?

前者の考えを信じている人は、「固定的マインドセット」を持っているとと言えるでしょう。
後者の考えを信じている人は、「成長マインドセット」を持っていると言えるでしょう。

マインドセットとは、人が持っている基本的な物事の見方です。親やまわりの大人からの影響《えいきょう》、これまでの経験、生まれ育った場所や文化など、さまざまなことが影《えい》響《きょう》して、私たちの物事の見方が作られます。

・固定的マインドセット……「自分の能力や性格は生まれ持ったもので、努力しても変わらない」と信じている。
・成長マインドセット……「自分の才能やまわりとの関係は、変化するもので、努力すれば成長できる」と信じている。

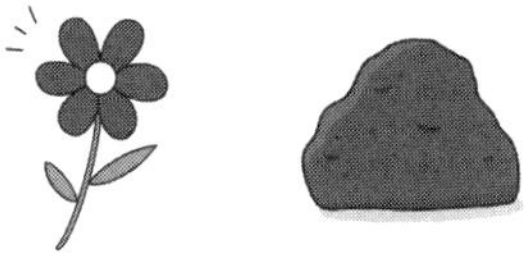

方法

34

できないことを楽しめる力を育てよう

心理学者のキャロル・ドゥエック博士は、小さな子供たちを対象に難しいパズルを解かせました。博士は、失敗したときにどのような反応があるのかを調査しようとしていたのです。

そこである男児は「なかなか解けない問題が好き！」とパズルに夢中になり、もうひとりは「このパズルをすると頭が良くなるよ」と言ったそうです。ここで博士は、驚《おどろ》きました。できないことを楽しむ子供たちがいたからです。この子供たちは、**自分の力を育てられると信じていたからこそ、つまずきを楽しむことができた**のです。これが成長マインドセットの研究の始まりだと言われています。

方法 35 自分のマインドセットを知ろう

人の能力については色々な考え方があります。次の文章を読んで、あなたの考えにどの程度当てはまるか、○×で答えてみましょう。

①私の能力は、自分自身ではほとんど変えることができない。
②新しいことを学ぶことはできても、私の基本的な能力は変えることはできない。
③今の私の状態がどうであっても、私は自分の能力を伸《の》ばすことができる。
④私はいつでも、自分の能力をかなり伸《の》ばすことができる。

結果

①と②に丸がついた人……固定的マインドセットが強いので成長マインドセットを育てていきましょう。

③と④に丸がついた人……成長マインドセットが強いです。

3つ以上に丸がついた人……両方持っていて、勉強やスポーツなど分野に応じて違《ちが》うマインドセットを持っているのかもしれませんね。

どれにも丸がつかない人……これから成長マインドセットを育てていく練習を一緒《いっしょ》にしましょう。

今、固定的マインドセットが強くても大丈夫《だいじょうぶ》です！　固定的マインドセットは固定的ではありません。いつからでも成長マインドセットを育てていけるのです。

方法

36

マインドセットは行動に大きく影響《えいきょう》することを知っておこう

「何を信じるか？」は、その後の行動に大きく影響《えいきょう》を与《あた》えます。

体操の競技会に挑《いど》んだAさんとBさん。直前にコーチから「新しい技《わざ》を入れてみなさい」と言われました。

固定的マインドセットを持っていたAさんは、「できなかったら、私の体操の才能がないってことだ」と考え、失敗するのが怖《こわ》くなってしまい、挑戦《ちょうせん》をしませんでした。

成長マインドセットを持っていたBさんは、同じように失敗するのは怖《こわ》いと感じましたが、「新しい技《わざ》に挑戦《ちょうせん》できるということは私の力が上達しているということだ」と思いました。たとえ失敗したとしても、挑戦《ちょうせん》することで得られることがあると考えて挑戦《ちょうせん》しました。

このように**能力が同程度であったとしても、マインドセットによって行動が大きく変わっていく**のです。

また、努力することに対しても違《ちが》うスタンスで臨みます。固定的マインドセットを持っていると「努力するということは、自分に力がないと証明することになる」と考え、努力を避《さ》けます。一方で、成長マインドセットを持っていると、「努力することで自分の力が育つ」と考えるので、今はできないことも努力を重ねることができます。

また、友達やライバルの成功に対しても取る行動が変わります。ライバルがテストや部活でうまくいっているとき、固定的マインドセットの人は「やばい！　自分は全然ダメだ。負けちゃう」と考えますが、成長マインドセットの人は「ライバルがうまくできた方法は何だろう？　自分にも取り入れられるなら、真似《まね》してみようかな」と考えます。

2種類のマインドセットが行動を変える！

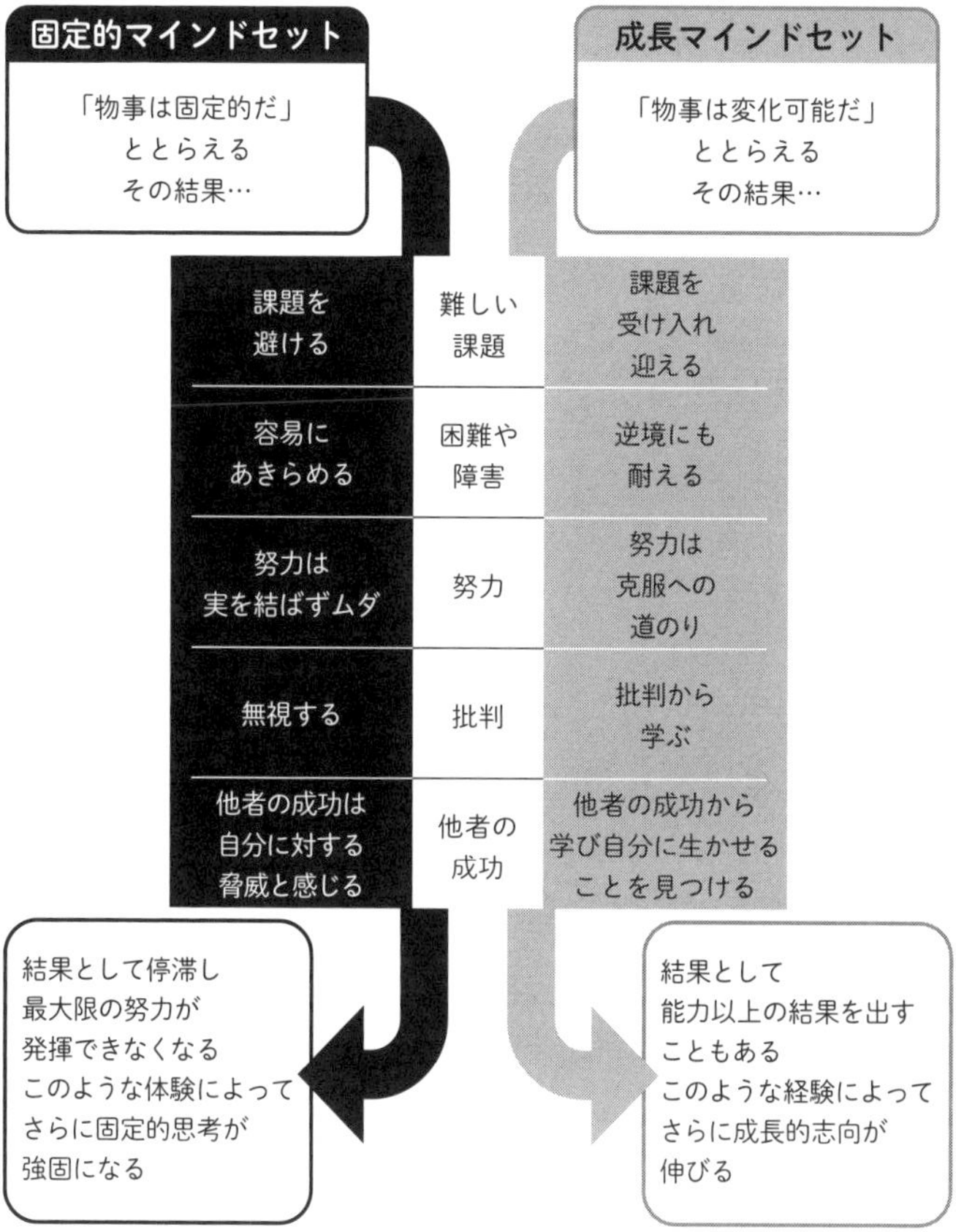
固定的マインドセット
「物事は固定的だ」
ととらえる
その結果…
成長マインドセット
「物事は変化可能だ」
ととらえる
その結果…
課題を
避ける
難しい
課題
課題を
受け入れ
迎える
容易に
あきらめる
困難や
障害
逆境にも
耐える
努力は
実を結ばずムダ
努力
努力は
克服への
道のり
無視する
批判
批判から
学ぶ
他者の成功は
自分に対する
脅威と感じる
他者の
成功
他者の成功から
学び自分に生かせる
ことを見つける
結果として停滞し
最大限の努力が
発揮できなくなる
このような体験によって
さらに固定的思考が
強固になる
結果として
能力以上の結果を出す
こともある
このような経験によって
さらに成長的志向が
伸びる

出典：TWO MINDSETS, Carol S. Dweck, Ph.D.Nigel Holme

方法

37

成長マインドセットを育てよう

マインドセットからは自分が普段《ふだん》どんな考えを持っているのか知ることができます。
自分の中にある固定的マインドセットに気がついたら、自分が信《しん》じ込《こ》んでいる事を成長マインドセットで見直すことが大切です。

固定的マインドセット：「やったことがないし、私にはできない」

【成長マインドセットで見直してみよう】

・これは難しいな……ということは新しいことが学べるってことだ！
・間違《まちが》っても、もう一度やればいい。

固定的マインドセット：「頑張《がんば》ってきたけどうまくいかない……もうできないよ」

【成長マインドセットで見直してみよう】

・頑張《がんば》り続ければ、うまくできるようになる！

・できるようになったらうれしいな！　どうしたらできるかな？

固定的マインドセット：「友達はすごいのに、私はダメ」

【成長マインドセットで見直してみよう】

・友達はこれがとても上手。どうやったら上手になったか聞いてみよう。

・みんなそれぞれに得意なことがあるよね。

毎日の生活の中で、勉強、部活、友達関係などに対して、自分がどんなマインドセットを持っているのか、考えてみましょう。固定的マインドセットを見つけたら、成長マインドセットで見直すチャンスです。

方法

38

やれば できる！ と思える力を育てよう

トーマス・エジソンは電球を発明した際に1万回のうまくいかない経験をしました。しかし彼《かれ》は「失敗したことがない。1万通りの、うまくいかない方法を見つけただけだ」と語ったそうです。

また、「〝困る〟ということは、次の新しい世界を発見する扉《とびら》である」とも言っていたそうです。

失敗は決して悪いことではありません。大切なのは、失敗から何を得たのか？ ということです。皆《みな》さんは、失敗したとき、どんなことに気がつきましたか？ **失敗から学んだことに気がつくことができれば、失敗が成功への一歩となる**でしょう。

成長マインドセットを育てていくと、少し難しいことに対して「やってみよう！」

と思える気持ちが強くなっていきます。

そして、実はみんなこの力を持っています。なぜなら、赤ちゃんのときには、何度転んでも起き上がり続けましたし、何度話す言葉を間違《まちが》えても、うまくできるまで大人の真似《まね》をしたりして頑張《がんば》り続けました。これまでの生活の中でも大変なことを乗《の》り越《こ》えた経験があるのではないでしょうか？

これまでの経験を思い出しながら自分自身の「やればできる！」の力を取《と》り戻《もど》し育てていきましょう。

ワーク

これまで直面した困難や大変だったことを思い出してみましょう（例えば、クラスの友達とのケンカ、いじめ、先生との問題、勉強の大変さ、家族との問題など）。その状況《じょうきょう》や問題について書き出す必要はありません。秘密にしておいても大丈夫《だいじょうぶ》です。心の中で思い出して、次の質問に答えてみましょう。

1. その困難な状況《じょうきょう》を乗《の》り越《こ》えるためにどんな力を使いましたか？

2. その困難な状況《じょうきょう》から学んだことがあるとしたら、どんなことですか？

3. その困難な状況《じょうきょう》は、今の自分にどのように影響《えいきょう》を与《あた》えていますか？

これまで困難を乗《の》り越《こ》えてきた体験を思い出すことで、自分にもできるんだということが実感できます。そのときに発揮された自分の力を確認《かくにん》してみましょう。その体験から得た学び、新しい考え方を再確認《かくにん》してみましょう。

もし、「やればできる！　やってみよう」という力が今は発揮できていないと感じていたら、自分のマインドセットを確認《かくにん》してみてください。固定的になっていませんか？　やってみようと思うことを１００％すぐに達成しようとするのではなく、**まずは小さなゴールを設定してみてください。そしてその小さなゴールを達成できたら、思い**

ワーク　スモールステップを作ってみましょう

夢　例）獣医《じゅうい》になる

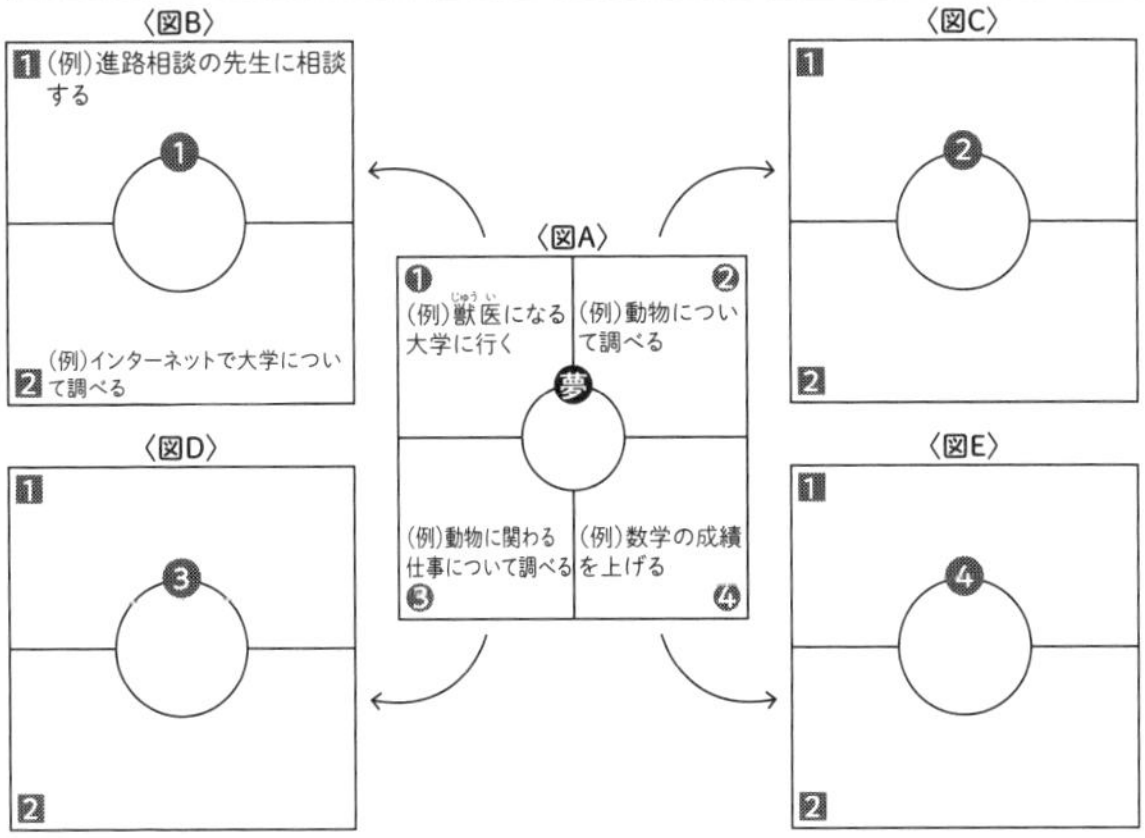
〈図B〉
1 (例)進路相談の先生に相談する
1
2 (例)インターネットで大学について調べる
〈図C〉
1
2
2
〈図A〉
1 (例)獣医《じゅうい》になる大学に行く
2 (例)動物について調べる
夢
3 (例)動物に関わる仕事について調べる
4 (例)数学の成績を上げる
〈図D〉
1
3
2
〈図E〉
1
4
2

つきり自分を褒《ほ》めてあげましょう。

また、やればできる！　と思える力を育てるためには、だれかからの励《はげ》まし（もちろん自分が自分を励《はげ》ましてあげることができたらいいですね！）、ロールモデル（身近な人で困難を乗《の》り越《こ》えた経験をした人）などの話を聞くことが役に立ちます。成長マインドセットでの見直しを思い出し、身近なモデルとなるだれかから力をもらい、小さな成功を積み重ねていきましょう！

方法
39
諦《あきら》めずに取り組む力を育てよう

成長マインドセットで物事を見ることが大事とわかって、実際に頑張《がんば》っていても、挫《くじ》けそうな気持ちになることがあるかもしれません。例えば、受験勉強をしていて難しい問題に直面したときに、「これで新しいことを学べる」と思って臨んでも、何度もうまくいかなければ「やっぱり自分にはできない」と感じてしまうこともあるでしょう。

ここで、興味深い研究の結果をお知らせしましょう。

大変なことがあっても諦《あきら》めずに情熱を持って目標に取り組む力を「グリット」と言います。そのグリットの高低が大学入試においての成績の良し悪しよりも、大学での成績に影響をおよぼしたという結果があります。

つまり、**何度つまずいても、希望を持って忍耐《にんたい》強く取り組み続けることが、目標を達成するための重要な力となる**のです。

ワーク

「希望の話」を作ってみましょう。【大事なこと】を確認し【4つの質問】を通して、自分の希望の話を書きましょう。

【大事なこと】

①ゴールへの道のりは一つではない。

②一足飛びにはいけない。

③途中《とちゅう》で壁《かべ》も現れる（でも乗《の》り越《こ》えられます！）。

【4つの質問】

1．私の目標は？

2．目標を達成するための方法は？

3．どんな敵や障壁《しょうへき》が出てくるでしょうか？　どうやって障壁《しょうへき》を乗《の》り越《こ》えますか？

4．大変なとき、うまくいかないとき、助けてくれる人はだれですか？

例：Cさんの希望の話

私の目標は、○△高校に入ること。次の期末試験で良い点を取るために、毎日復習を頑張《がんば》ります。塾《じゅく》には週一回通います。途中《とちゅう》、テレビの誘惑《ゆうわく》や疲《つか》れたから行きたくないと思うことがあります。テストが終わるまではテレビは観《み》ない。でも終わったその日は好きなだけ観《み》る！　疲《つか》れたときは、大好きな音楽を1曲聴《き》いてリラックスしてから頑張《がんば》ります。○△高校に受かったことを想像して頑張《がんば》ります。どうしてもうまくいかないときは、お母さんと友達のDちゃんに相談します！

方法40 リラックスする時間も大切にしよう

やればできる！　と思える力を発揮するためには「心のエネルギー」も大切です。諦《あきら》めずに頑張《がんば》っているのに、やる気が出ないときには、心のエネルギーが満タンになっているか確認してみましょう。

最近、楽しい気持ち、リラックスした気持ちになったことはありますか？　心のエネルギーを満タンにする方法としてお勧《すす》めなのは、自分がポジティブな気持ちになれることをすることです。

ポジティブな気持ちと一言で言っても、その種類はたくさんあります。ワクワク、楽しい！　という気持ちもありますし、興味深いなとか、だれかの応援《おうえん》をしてこちらも元気になる気持ちなども含《ふく》まれるでしょう。

また、心が穏《おだ》やかな状態もポジティブ感情の一つです。

勉強や部活にいつも全力で頑張《がんば》っていますね。心の変化だけではなく、体の変化もあり、思春期は大変なのです！

ときに休んでも大丈夫《だいじょうぶ》ですし、うまくいかない自分がいても大丈夫《だいじょうぶ》です。そんな経験も必ず人生では役に立ちます。

方法41 エネルギーアップするポジティブ感情を知ろう

ポジティブ感情の研究をしているバーバラ・フレドリクソン博士によると、ポジティブ感情には次のような種類があることがわかっています。

愛情、喜び、感謝、安らぎ、興味、希望、誇《ほこ》り、愉快《ゆかい》、鼓舞《こぶ》、畏敬《いけい》。

楽しい！　うれしい！　という元気なポジティブ感情だけでなく、自然を見てその大きさに畏敬《いけい》の念を抱《いだ》いたり、リラックスした気持ちになったり、スポーツを見て応《おう》援《えん》することで勇気づけられたり（鼓舞《こぶ》）……そのような気持ちもポジティブ感情になります。

また、フレドリクソン博士はポジティブ感情は、広い視野で物事を考えて行動することに役立ったり、困難から立ち上がる力を育てたり、ネガティブ感情を和《やわ》らげたり、人と良い関係を築けたりとさまざまなメリットがあることを証明しました。

ただ、**ポジティブ感情は泡《あわ》のように消えやすいとも言われており、意識的にポジティブ感情に注目して、じっくりと感じることが大切**であると言われています。

友達の話を集中して聞いたり、おいしい食事をゆっくり味わったり、将来の夢を思い描《えが》いてワクワクしたり、そんなポジティブ感情をじっくり感じられる時間を持つことで、エネルギーアップにつながります。

ワーク

エネルギーがアップするポジティブ感情を見つけましょう。

・あなたが元気になるときはどんなときですか？　どんな気持ちですか？
・あなたにとって気力が湧《わ》いてくることは何ですか？　どんな気持ちですか？

5章

だれかとのピンチを乗《の》り越《こ》える力

方法
42
幸せの鍵《かぎ》「良いつながり」を育てよう

人の悩《なや》みの9割は人間関係に関わるものと言われています。友達との関係、家族との関係、先生との関係……皆《みな》さんも大なり小なり、人間関係で悩《なや》んだことがあるのではないでしょうか。

人間関係は大変な一面もありますが、人生で助けになってくれることも多くありますね。例えば、悩《なや》んでいるときにお母さんに相談に乗ってもらったら元気になったり、課題が進まなくて友達に助けてもらったり、ただ一緒《いっしょ》に楽しいことをしているだけで心が元気になったり……。

実は、人と良いつながりがある人は心も元気で、体も健康でいられます。

それを証明するロゼトという地域での研究を紹介《しょうかい》しましょう。

1950年代、アメリカでは、65歳《さい》以下の男性の死因は心臓病が最も多いとされていました。ある日、近くの街で休暇《きゅうか》を過ごしていたスチュワート・ウォルフ医師はロゼトでは、心臓病で亡《な》くなる人がほとんどいないと知り、その理由を明らかにするために研究を始めました。

調査の結果、ロゼトで亡《な》くなる人の多くは老衰《ろうすい》で、依存症《いぞんしょう》や自殺で亡《な》くなる人はいなかったのです。しかも、ロゼトの人は、長生きで幸せで健康なのです。

その理由を解明するためにさらに調査を進めたところ、ロゼトの人は人とのつながりが深く、困ったときには助けてもらえるサポート体制も充実《じゅうじつ》しているということがわかったのです。


人との良いつながりは私たちの心と体の健康に大きな影響《えいきょう》があります。

だからこそ、**だれかとの関係でうまくいかないことがあると、乗《の》り越《こ》える力を持っていることがとても大切**なのです。ここからは家族や友達と良い関係を築くヒントをお伝えしましょう。

方法43 コントロールできること・できないことを考えてみよう

Aさんは、友達のBさんの何気ない一言に傷ついて、謝《あやま》ってほしいと思っていました。しかし、Bさんはあまり気にしておらず、いつも通りに接するのです。Aさんは、謝《あやま》ってくれないBさんにイライラして、冷たい物言いをするようになりました。

人間関係で覚えておきたいことがあります。何度かお伝えしてきましたが、それは、他人は自分の思い通りにコントロールすることができないということです。私たちのまわりにはコントロールできることと、できないことがあります。その間に、結果はわからないけど「影響《えいきょう》を与《あた》えられること」もあります。

友達を含《ふく》めてまわりの人がどう行動するか、どう考えるかは、コントロールすることができません。天気や信号や電車が来る時刻も、私たちがコントロールすることはできませんよね。

一方で、自分がその状況《じょうきょう》をどう捉《とら》えるのか、どう行動するのか、どんな態度を取るのか、ということは自分でコントロールすることができます。

例えば、友達に無理に謝《あやま》らせることはできないけど、傷ついたことを丁寧《ていねい》に伝えることはできます。どうしても晴れてほしいと願っていた行事の日が雨だったとしても、残念だけど、代わりに友達と別の何かをすることを提案できます。

このように、自分がコントロールできないことをなんとか変えようとしても、その結果に１００％影響《えいきょう》を与《あた》えることは難しいのです。また、影響《えいきょう》を与《あた》えることができる可能性があっても、結果は自分で決められないことも多くあります。
だからこそ、自分がコントロールできることに注目していくことが大切です。

ワーク コントロールできること・できないこと

コントロールできること・影響《えいきょう》を与《あた》えられること・コントロールできないことの3つの層に分けてみましょう。

【コントロールできること】
自分の考えること、自分がどう行動するか、自分が何を食べるか、自分が何を大切にするか、毎日勉強をどれくらいするか。

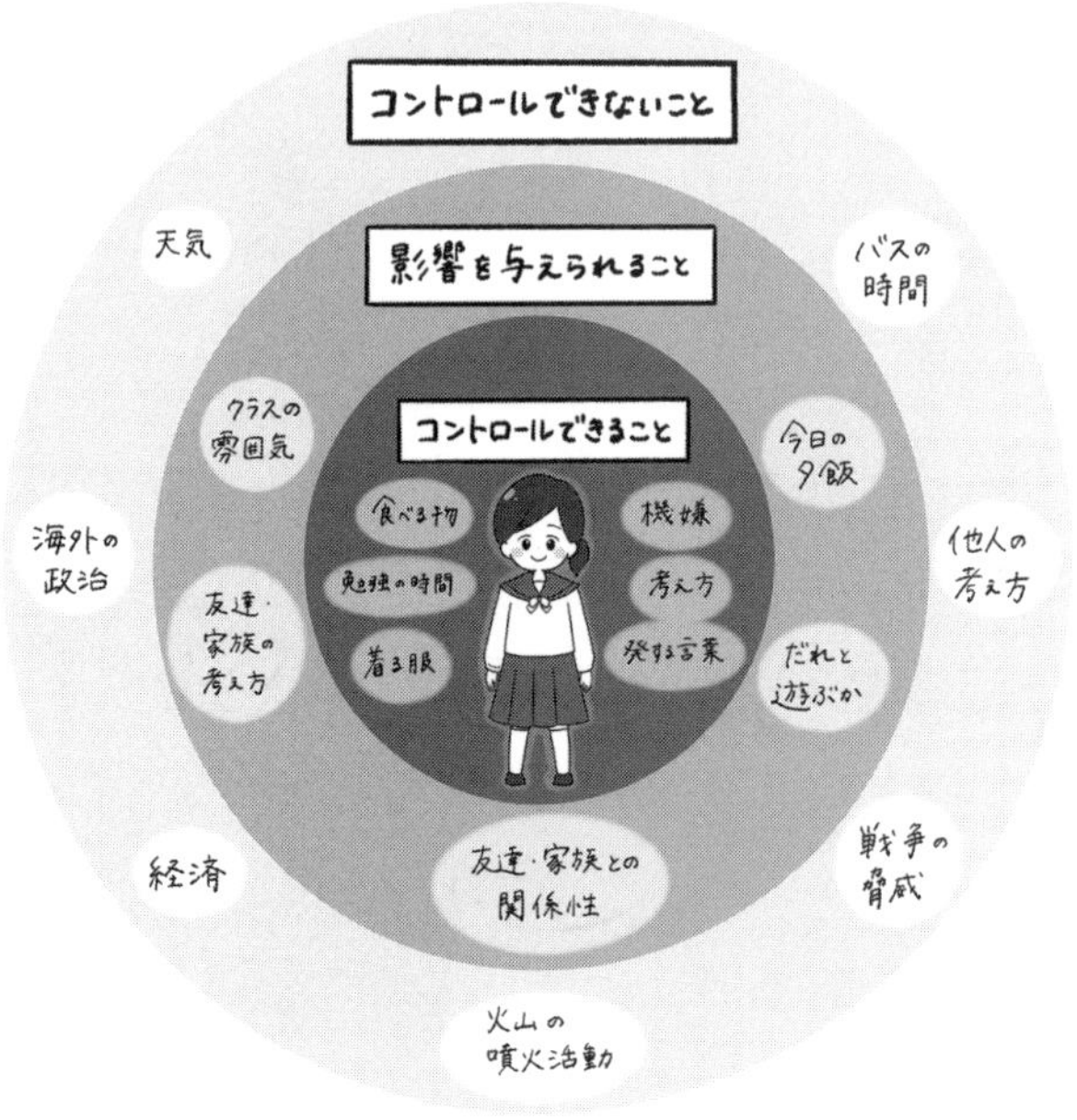

【影響《えいきょう》を与《あた》えられること（でも結果はわからない）】

だれと遊ぶか、今日の夕ご飯、クラスの雰囲気《ふんいき》、友達との関係性。

友達や家族がどう行動するか、友達や家族がどう考えるか。

【コントロールできないこと】

天気、バスの時間、海外の政治問題。

方法44 境界線を大切にしよう

もう一つ大切なことをお伝えします。それは、「境界線」のお話です。

Cさんは、自分の進路や付き合う友達、服装のことなど、できるだけ自分で決めたいと考えています。しかし、Cさんのお母さんは「○○塾《じゅく》に通うといいよ」とか、「今日はだれと遊んだの？ 何したの？」と根掘《ねほ》り葉掘《はほ》り聞いてきます。そんなお母さんを嫌《いや》だなうざいなと思っています。

人はだれもが、物事を自分で決めたいという気持ちを持っていますし、入られても心地《ここち》よい距離感《きょりかん》と、入られたくない距離感《きょりかん》があるものです。

成長するに従って、親にはこれまで何でも話していたという人も、あまり詮索《せんさく》されたくないと感じている人も多くいるのではないでしょうか。

これは、自我《じが》が発達して、境界線がしっかりとできてきたからとも言えます。境界線とは見えないバリアのようなもので、自分を守るために大切なものです。自分だけでなく、他の人を守ることにもつながります。

例えば、物理的にだれかと一緒《いっしょ》にいるときに心地《ここち》いいなと思える距離《きょり》は人によって違《ちが》います。これと同じように、心地《ここち》よい心の距離《きょり》も人によって違《ちが》います。

ですから、**「自分の心に侵入《しんにゅう》してほしくない」と感じることは全く悪いことではありません。成長に伴《ともな》い、そのような気持ちがあるのは当然**なのです。

でも、最初のうちは、その「境界線」の存在に気がつかずにその内側に他者を入れてしまうことがあります。あるいはすごく不快になって、少しでも侵入《しんにゅう》されると攻撃《こうげき》的《てき》に相手を威嚇《いかく》することもあるかもしれません。その調整が難しい状態とも言えるでしょう。

境界線があり、親であってもその内側に侵入《しんにゅう》してほしくないという気持ちは全くおかしなことではありません。ただ、**相手からその境界線は見えませんから、そんなときは、丁寧《ていねい》に伝えたり、その場から距離《きょり》を取ったりと工夫《くふう》が必要になる**のです。

方法

45

自分も相手も尊重する伝え方を身につけよう

相手が傷つくかもしれないと思うと、なかなか自分の気持ちや考えを言い出せないことがあるかもしれません。また、自分の捉《とら》え方を変えようとしてみても、「やっぱり自分の捉《とら》え方《かた》は正しい」と思えることもあるでしょう。また、どうしてもネガティブ感情が湧《わ》き上《あ》がるということもあるでしょう。そんなとき、怒《いか》りや不満の気持ちのままに行動してしまったら、どうなるでしょうか？

Dくんは、ずいぶん前に友達に貸したお気に入りのDVDをまた見たくなったので、返してと言いました。しかし、友達は勝手に他のクラスの友達に貸してしまい、いつ返せるかわからないと言います。

感情のままに「僕《ぼく》のＤＶＤを勝手に貸してひどいな！」と捨てゼリフとともに怒《いか》りをぶつけますか？　もしくは、何も言えずに我慢《がまん》するでしょうか。どちらも納得《なっとく》いく結果が得られないことが想像できます。

ここで解決につながるコミュニケーションをご紹介《しょうかい》しましょう。

【コミュニケーションの3つのパターン】

お互《たが》いの意見が衝突《しょうとつ》することは自然なことです。しかし、自分の思いや意見の主張の仕方によって、自分はスッキリしても相手は嫌《いや》な思いをしたり（win-lose な関係）、自分は我慢《がまん》して主張をせずにその場は丸くおさまっても結局自分が傷ついたり（lose-win な関係）することもあります。その対立から、効果的に話し合って、お互《たが》いが理解しあって尊重しあえる win-win な関係を築くこともできます。解決につながるのは、この win-win な関係を目指すことから始まります。

帽子の色	黒い帽子	白い帽子	グレーの帽子
特徴	 攻撃的、操作的 （自分の思い通りになるように攻撃的な態度を取ったり、関係者を陰で操作したりする）	 非主張的 （自分の主張はせずに、言いなりになる）	 自分も相手も尊重 （自分の主張もするし、相手の考えも聞き、お互いが納得できる結果を見つけようとする）
プラス面	自分の思い通りになる	争いはしない 相手を喜ばせる	自分と相手のお互いが納得する結果を見つけることができる
マイナス面	嫌われる 復讐《ふくしゅう》される 仲間外れになる	自分の思いは尊重されない	時間がかかる 100％自分の思い通りになるわけではない
結果	自分が勝ち–相手が負ける （win-lose）	相手が勝ち–自分が負ける （lose-win）	両者が勝つ（妥協とは違う） （win-win）

だれもが、上のグレーの帽子《ぼうし》のようにwin-winな関係でいたいと思うものではないでしょうか。

しかし、相手の行動を思い通りにコントロールすることはできません。コントロールできるのは、不快に感じたときに、相手に伝わりやすい言葉と態度で伝えていくことです。もしくは、伝えないという決断をすることもあるでしょう。

相手に伝わる伝え方にはコツがあります。相手に感情的に怒《いか》りを向けるのでもなく、ただ我慢《がまん》するのでもなく、「大切なDVDだから、貸した友達にすぐに返してもらえるようにお願いしてもらえる？」と伝えたらどうでしょうか？　自分も相手も尊重するため以下の3つのポイントを参考に、相手に伝えてみましょう。

【自分も相手も尊重する伝え方のコツ】

1. あなたが～すると（あなたが～したので）――相手の言動や発言
2. 私は～と感じる――自分の気持ち
3. あなたが～してくれるとうれしい・助かる――相手に求めること

このように**自分の気持ちや思いを伝えながら相手の考えも聞くことはwin-winな関係の第一歩となります。**

もちろん、相手がこちらの気持ちに応えてくれるかどうかはわかりません。その場合でも**自分の気持ちを自分で大切にして、相手に伝えることで、自分との良いつながりを作ることにもなります。**

方法
46
より素敵《すてき》な関係を築くための3つの要素を知ろう

意見の衝突《しょうとつ》を上手に乗《の》り越《こ》えて、気持ちの良いコミュニケーションが取れるといいですね。そして、より素敵《すてき》な関係を築くために欠かせない３つの要素があります。それは、「感謝」「許し」「共感」です。

1. つながりを育てる「感謝」

人は幸せな状況《じょうきょう》に対して「慣れ」が発生することはＰ31で述べました。人間関係も同じで、慣れ親しんだ家族や友達がいることを当たり前のように感じてしまうことがあります。家族や友達、まわりの人たちを思い出して、感謝の気持ちを伝えるとしたら、だれにどんな言葉を伝えたいですか？

感謝の気持ちは、良い人間関係を育ててくれるのです。

ワーク 感謝の手紙

「ありがとう」を伝えたい人に手紙を書きましょう。どんなことがうれしかった？　どんなことが助けになった？　正直な気持ちを書いてみましょう。

心を込《こ》めて手紙を書いたら、できればその人の前でゆっくりと読んでみることをお勧《すす》めします。あなたは、どんな気持ちになりますか？　そして相手はどんな気持ちになるでしょうか？

2. 自分との良い関係「許し」

人間関係とは一筋縄ではいきませんね。「可愛《かわい》さ余って憎《にく》さ百倍」という言葉もあります。同じ人に対してすごく好きという気持ちも抱《いだ》くし、憎《にく》しみも抱《いだ》くのです。

自分が傷つけられたり、陰口《かげぐち》を言われたりしたら、相手のことを許せない！　という気持ちになるのも当然です。傷ついた気持ちから復讐《ふくしゅう》してやる！　という気持ちになることもあるかもしれません。もちろん、それがエネルギーとなって自分を良い方向に持っていけるのであれば、辛《つら》い経験も良かったと思えるかもしれません。

しかし、許せない気持ちは、ときに自分を傷つけることもあります。怒《いか》りの感情は、心も体も疲弊《ひへい》させてしまうのです。

許すということは、相手の行動を認めることではありません。このような怒《いか》りの感情から自分を傷つけることをやめるということなのです。

しかし、許すということは大人にとっても難しいことで、上手にできなくて当然です。そんなときは、「今は許せなくて大丈夫《だいじょうぶ》だよ」と自分に伝えてあげてください。

もし、**許しの力を育てたいときには、自分がこれまで許してもらった経験を書き出してみることをお勧《すす》めします。**

3. 絆《きずな》を深める「共感」

だれもが小さなころは、身の回りのお世話をしてもらうなど、大人に支えてもらってきたはずです。成長するにつれて、自分もだれかにとっての支えになるという経験をしている人もいるのではないかと思います。

大人へ成長するとき、ともに支え合うことで良い関係を築くことができます。それには、「共感力」という力を育てていくことが大切になります。

共感とは、相手の言動や状況《じょうきょう》をよく見たり、話をじっくりと聞いたりして、相手を理解しようとすることです。「大丈夫《だいじょうぶ》? 何かあった?」と相手を気遣《きづか》う言葉をかけてみましょう。そして、相手の気分を楽にしたりするために、自分には何ができるか、何と言えばいいか、考えてみましょう。あなたがだれかの悲しい気持ちに共感すれば、その人は気分が楽になります。楽しい気持ちに共感できれば、その人はもっとうれしくなります。その結果、より関係を深めていくことができるのです。

例えば、Eさんが、「体育が苦手だから、授業嫌《いや》だな〜」と呟《つぶや》いたのを聞いた友達に「え〜楽しいよ。体育が嫌《いや》なんて信じられないよ」と言われたとき、なんだか悲しい気持ちになりました。一方で別の友達に「そっか〜苦手な授業って嫌《いや》だよね」と言われて気持ちが楽になったとも言っています。二人目の友達のように、共感してもらうだけで気持ちが楽になるのです。

共感は、嫌《いや》な出来事だけでなく、いい出来事があったときも重要な姿勢です。自分の好きなことや週末の楽しかったことを話したときに「もっと聞かせて！」と言われると、とてもうれしい気持ちになりますよね。

アメリカの心理学者シェリー・ゲーブル博士によると、特に、**相手がその人にとってもとてもいいニュースや聞いてほしいことがあったとき、どのように答えるかが、相手との関係性を深める鍵《かぎ》になる**という研究があります。

皆《みな》さんは普段《ふだん》、友達や家族がうれしい知らせを聞かせてくれたとき、どんなふうに答えますか？「よかったね！　うれしいよね。それはどんなことをしたの？」と興味を持ってそのことについて聞くことが、相手との良い関係を築くことにつながります。

方法
47
幸せのサイクルを回そう

さまざまな研究で、だれかのために親切なことをすると、その人に喜んでもらえる以上に、親切をした本人が幸せになることが証明されています。また、カナダの社会心理学者であるアクニン博士は、人は幸せな気持ちになるとより親切にすることを研究で明らかにしました。つまり、親切と幸せは、卵と鶏《にわとり》のように、どちらが先でも、良い循環《じゅんかん》をするということですね。

また幸せについて研究をしている科学者は、人に親切にすることは、あなたがプレゼントをもらったり、大好きな食べ物を食べたときと同じくらい、脳が幸せを感じることを発見しました。

親切と言っても、お母さんにお手伝いしようか？　と聞いたり、友達に手紙をあげたり、近所の人に笑顔《えがお》を向けてみたり、毎日の生活の中でできる範囲《はんい》で大丈夫《だいじょうぶ》です。今日、これまでやったことのない小さな親切を行ってみてくださいね。

そして、他者との関係も大切ですが、自分との関係はもっと大事です。自分にも親切やうれしいなと思うことをしてあげてくださいね。

5章では、良い人間関係を構築することで、レジリエンスアップや、より幸せに健康的に生きていくことにつながる方法をお伝えしました。

友達、家族、親せきで頼《たよ》りにできる人はだれでしょう？　大好きな人やペットも心を元気にしてくれますね。どれだけ少なくても多くても大丈夫です。書き出してみましょう。だれかに頼《たよ》ることができるのもレジリエンスの力の一つです。困ったとき、どうしてもうまくいかないとき、そんなとき、だれに話ができそうでしょうか。

6章

自分らしさが
最大の武器になる

方法
48
「強み」の種類を知ろう

あなたは友達から今まで見たこともない不思議な食べ物をもらいました。その場ですぐに「食べてみよう！」と手を出しますか？　もしくは、「どんな食べ物なんだろう？」と調べてから食べますか？

食べてみよう！　と思える人は、とても好奇心《こうきしん》があり、勇気もありますね。まずはどんな食べ物か調べてみる人は思慮深《しりょぶか》く物事を考える力があります。
どちらもとても素敵《すてき》なその人らしさだと思います。

皆《みな》さんは、自分の素敵《すてき》なところはどんなところだと思いますか？　自分の得意なことは？　好きなことは？　どんなことですか？

皆《みな》さんの素敵《すてき》なところや得意なこと、好きなことや興味のあることは、皆《みな》さんの「強み」とも言えます。強みを辞書で調べてみると「頼《たよ》りになるすぐれた点。長所」と出てきます。実は一言に強みと言ってもさまざまな種類があります。

【強みの種類】

1．才能：物事を自然とうまくできてしまう能力（遺伝的な要素が大きく関わっている）

2．スキル：訓練によって身につけたある特定の習熟的技術

3．興味・関心：自分が好きなこと、夢中になれること

4．リソース：人間関係や生活する環境《かんきょう》、経済的状況《じょうきょう》など自分を支える外的要因

5．価値観：私たちが大切にし、行動の指針にしているもの

6．性格的な強み（キャラクター・ストレングス）：性格的な良いところ。本人とそ

の周囲に良い影響《えいきょう》を与《あた》える

本書では、足が速いとか、背が高いとかという目に見える特徴《とくちょう》ではなく、考え方や性格的な良いところを一緒《いっしょ》に探していきたいと思います。なぜなら、**性格的な強みを日常的に使っていくと、充実感《じゅうじつ》や自信が高まったり、目標達成しやすくなったり、ストレスを感じにくくなる効果がある**と言われています。もちろん、困難を乗《の》り越《こ》えるときに大きな助けになってくれるに違《ちが》いありません。

方法
49
自分の性格的な強みを知ろう

性格的な強みは主に24種類あります。これらの強みは心理学者であるクリストファー・ピーターソン博士とマーティン・セリグマン博士の二人が中心となって、文化や信条の違《ちが》いを超《こ》え、人類が共通して持つ大切な気質を導き出したものです。

これら24種類の強みはだれもが持っていると言われています。しかし、その強みの程度の違《ちが》いによってその人らしさが作られているのです。

【強みを知る方法】

本書では3つの方法をご紹介します。まずは強みのチェックリストです。次のページにありますので、ぜひ挑戦してみてください。

チームワーク
Teamwork

グループやチームの中で、メンバーとしてうまくやっていける。グループのために、自分のやるべきことを行うことができる。

＿＿＿点

公平《こうへい》さ
Fairness

公平、正義に従って、みんなにフェアに接する。すべての人にチャンスを与え、個人的な感情でほかの人についてかたよった判断をしない。

＿＿＿点

リーダーシップ
Leadership

自分がいるグループが物事を達成できるように力づけ、グループの中でみんなが仲よくできるようにサポートする。グループのメンバーが活動しやすいように動き、人々に一緒に何かをさせることが得意。

＿＿＿点

広《ひろ》い心《こころ》・ゆるす心《こころ》
Forgiveness

間違いや失敗、罪を犯した人をゆるし、やり直すチャンスを与える。
決して仕返しをしようと思わない。
過ぎたことは水に流す。

＿＿＿点

慎《つつし》み深《ぶか》さ・謙虚《けんきょ》さ
Humility

自分が人よりすごいところを自慢しない。みんなに「すごい」と思われようとしたり、自分は特別なんだと思い込んだりしない。

＿＿＿点

思慮深《しりょぶか》さ
Prudence

注意深く選んで、失敗したり危険な目に遭ったりしないようにする。
後悔しそうなことを言ったりやったりしない。
目先のことに飛びつかず、慎重に選択する。

＿＿＿点

自制心《じせいしん》
Perseverance

自分の気持ちや行動、食欲をコントロールできる。ルールやマナーを守る。何か悪いことが起こったときでも、自分の感情をコントロールすることができる。

＿＿＿点

美《うつく》しいものを感《かん》じる力
Appreciation of Beauty

あらゆるもの(自然、芸術、学問、日常生活など)に対し、美しいものやほかより優れているものを見つけ、そのすばらしさを 認める。

＿＿＿点

感謝《かんしゃ》
Gratitude

さまざまな良い出来事に目を向け、それに感謝する心を持つ。そして、相手に感謝の気持ちを表す。小さなことにも「ありがとう」と思ったり伝えたりする。

＿＿＿点

希望《きぼう》
Hope

明るい未来を思い描いて、そうなるように努力する。未来がよいものになると信じ、一生懸命やれば結果的に望みは達成できると思っている。

＿＿＿点

ユーモア
Humor

笑いや遊び心を大切にする。人を笑わせたり、面白いことを考えたりするのが好き。いろいろな場面で明るい面を見ようとする。

＿＿＿点

目《め》に見《み》えない力《ちから》を信《しん》じる心《こころ》
Spirituality

自分がとても大きな流れや広い世界の中で生きていることを感じることができる。高い目標や意義に対して一貫した信念を持っている。

＿＿＿点

©一般社団法人日本ポジティブ教育協会

【強みを知る方法①「強みチェックリスト」】

24の強み

中高生編

自分をどう思うか、それぞれに1～10点の点数をつけて、自分の強みを探してみましょう。
自分がどうなりたいかではなく、自分をどう思うかを基準に点数をつけてみましょう。

創造性《そうぞうせい》
Creativity

芸術的なことでも
それ以外でも、何か新しく、オリジナルなものを考える。従来のやり方よりも、創意工夫して生産性の高いやり方を考える。

______点

好奇心《こうきしん》
Curiosity

いろいろなことに興味を持つ。
あらゆる経験を興味深いと感じる。
新しいことを発見することが好きで、
積極的に情報収集しようとする。

______点

やわらかい頭《あたま》（知的柔軟性《ちてきじゅうなんせい》）
Open-mindness

決めつけたりせず、
あらゆる角度から物事をかたよらずに考えて答えを出す。客観的で理性的に判断することができ、確かな証拠があれば、柔軟に考えを変えることができる。

______点

学《まな》ぶ意欲《いよく》
Love of Learning

知識や能力を身につけようと
したり、自分が知っている
ことについてもっとよく知ろうとしたりする。学ぶ機会や場所が好き。何か新しいことを学ぶとワクワクする。

______点

全体《ぜんたい》を見渡《みわた》す力《ちから》
Perspective

物事の全体像を見ることができ、
将来を見通すことができる。
いろいろな意見を取り入れて、自分もほかの人も納得できるような見方ができ、人に適切なアドバイスをすることができる。

______点

勇敢《ゆうかん》さ・勇気《ゆうき》
Bravery

怖いことや難しいことなど
に決してひるまない。
反対に遭っても正しいことをきちんと言う。だれか同じ意見の人がいなくても、自分を信じて行動する。

______点

頑張《がんば》り続《つづ》ける力《ちから》
Perseverance

始めたことを必ず最後までやり遂げる。困難に遭っても、粘り強く前進し続ける。課題をやり遂げることに喜びを感じる。

______点

誠実《せいじつ》さ
Honesty

自分にも他人にも正直で、自分の気持ちや行動に責任を持っている。うそをつかない。約束を守る。

______点

熱意《ねつい》
Zest

感動と情熱を持って、人生を冒険のように生きる。物事を中途 半端にしたり、いい加減に終わらせたりしない。生き生きとしていて活動的。

______点

愛情《あいじょう》
Love

人と共感し合ったり、思いやったりする関係を大切にする。人と仲よくすることが好き、得意。

______点

思《おも》いやり
Kindness

人に親切にし、人のために良いことをする。ほかの人を助け、面倒を見てあげる。他人に対して良いことをするのが楽しい。

______点

人《ひと》と関《かか》わる力《ちから》
Social intelligence

相手のことも自分のことも、気持ちや、どう考えているかをよく理解して、うまく振るまうことができる。いろいろなタイプの人とうまくつき合える。

______点

©一般社団法人日本ポジティブ教育協会

イギリスのポジティブ心理学の研究者であるアレックス・リンレイ博士は、「強みとは、単にうまくできるもののことではない。自分らしく感じ、エネルギーが湧《わ》いてきて、最大限の力を引き出し、高い成果をもたらすものである」と言っています。つまり、上手で得意なだけではなく、**その強みを使っていると元気になることが本当の強みを発見するポイント**なのです。前のページの「強みのチェックリスト」の結果の上位5つを見てみましょう。エネルギーが湧《わ》く強みはどれでしょうか？　また、自分らしい強みはどれでしょうか？

【強みを知る方法②「オンラインテスト」】

https://j-pea.org/related-info/via-is/ にて受講可能です。

【強みインタビューの方法③】

自分のことをよく知る人へインタビューをしてみましょう。

・あなたは、私のどこが一番好きですか?
・私の特技は何だと思いますか?
・私の実力を発揮できるのは、どんな状況《じょうきょう》だと思いますか?
・あなたが見た私の実力を発揮できた具体例を教えてください。
・あなたから見て、私の最大の強みとは何だと思いますか?

【自分には見えない強みもある】

強みのインタビューを実施《じっし》すると、「これって自分だ!」と思うものと「意外だった!」と思うものがあがることがあります。

意外だった人は、自分には見えていないけど、他の人には見えている強みを発見することができたのかもしれませんね。あなたの強みリストに新しい強みが加わったということです!

「ジョハリの窓」

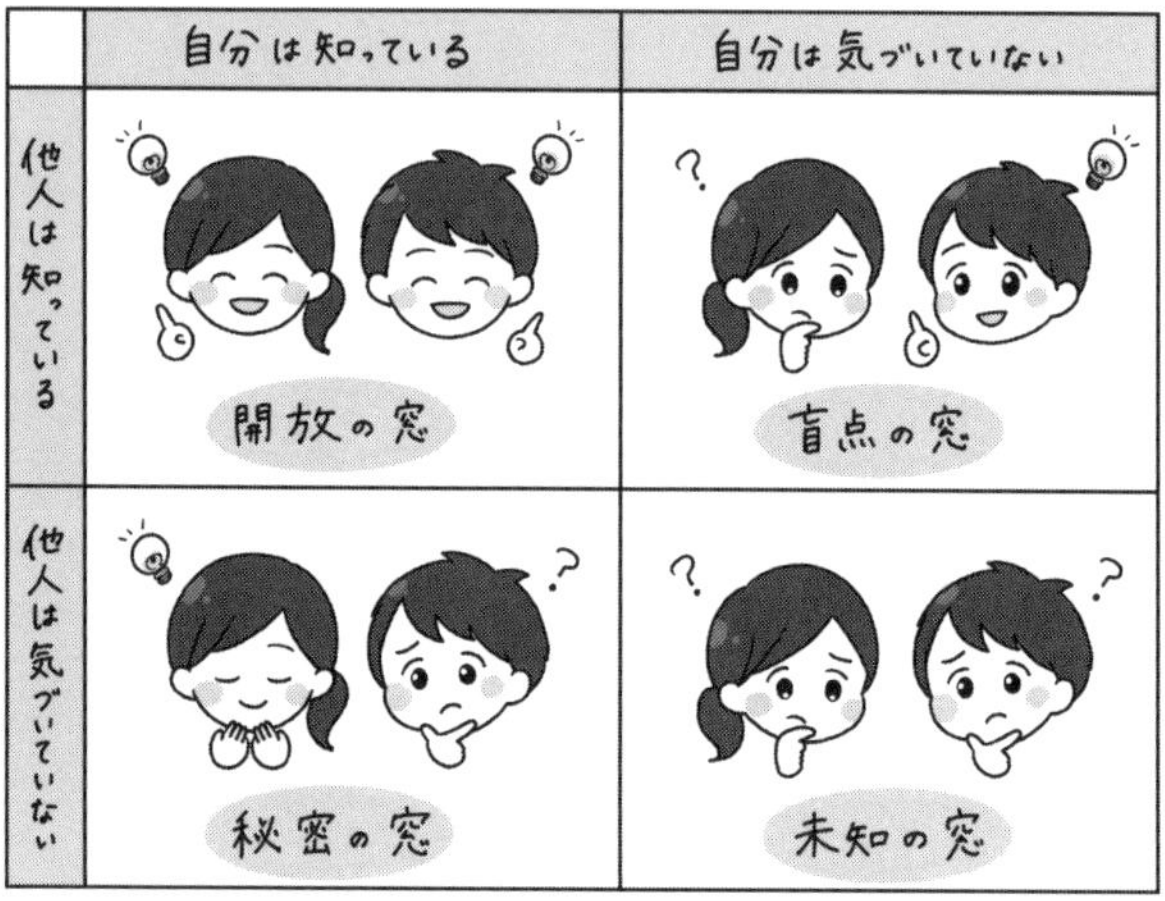
自分は知っている
自分は気づいていない
他人は知っている
他人は気づいていない
開放の窓
盲点の窓
秘密の窓
未知の窓

自分と他人の認識のズレを理解するのに便利な表が上の「ジョハリの窓」です。「ジョハリの窓」にあるように自分から見る自分と他者から見る自分にズレがあることもあります。「自分にはそんな一面もあるかもしれないな」と受け止めていくことで開放の窓が広がります。

特に強みに関しては、自分のことが一番見えにくいとも言われていますから、他の人からの意見を聞いてみるのも参考になるでしょう。

【強みが見えないとき】

「私は『恥《は》ずかしがり屋《や》』」などと、自分や他者の性格をラベル付けすることはありませんか？　実は多くの人が無意識に過去の情報に照らし合わせて、自分やだれかの「ラベル付け」を行っています。しかし、一旦《いったん》ラベル付けをすると、それ以外の視点で自分やその人を見るのが難しくなってしまうことがあります。例えば、恥《は》ずかしがり屋《や》以外にも、創造性がある、優《やさ》しい、そして、ペットのことだと積極的になるなど、こんな他の自分らしさを見逃《みのが》してしまうのです。

性格的な特性だけではありません。ある中学生の子は自分に「不登校」というラベル付けをして、不登校の中学生のイメージに合った行動をしようとしていました。その子の持つ不登校の子供のイメージは偏《かたよ》っていて、ずっと家にこもっていたり、好きなことは隠《かく》れて行ったりするものだと思っていました。その子は絵を描《か》くのが大好きで自宅では絵を描《か》くこともありましたが、隠《かく》れてやっているような気分で、自信を持ってはいけないようにも感じていたそうです。不登校はダメなことという間違《まちが》った捉《とら》え方《かた》をしていた可能性もあります。形成された特定のイメージは、ニュースで聞く一部の人のことなどこれまで見聞きしてきたことに基《もと》づいていますから、とても偏《かたよ》った物事の見方になることがあります。不登校＝自分自身ではありません。人は多面的ですから、その他にも、自分を表す言葉はたくさんあるはずです。特に、強みはその一つですよね。

このように、自分をありのままに見るのではなく、一つのラベルを通して自分を見ることを続けていると、行動を自分で制限してしまうこともあるので要注意です。

例えば、「男子はスポーツが好き」というイメージを自分の中で持っていたら、本当はスポーツはあまり好きではなく、絵を描《か》くことのほうが好きというような自分の本心を見失ってしまうことにもつながるのです。

「恥《は》ずかしがり屋《や》」というラベルを付けていたら、勇気を持って人前で行動しようと思っても、ラベルが邪魔《じゃま》をして「自分は恥《は》ずかしがり屋《や》だからやめておこう」と行動に移せなくなることもあるのです。

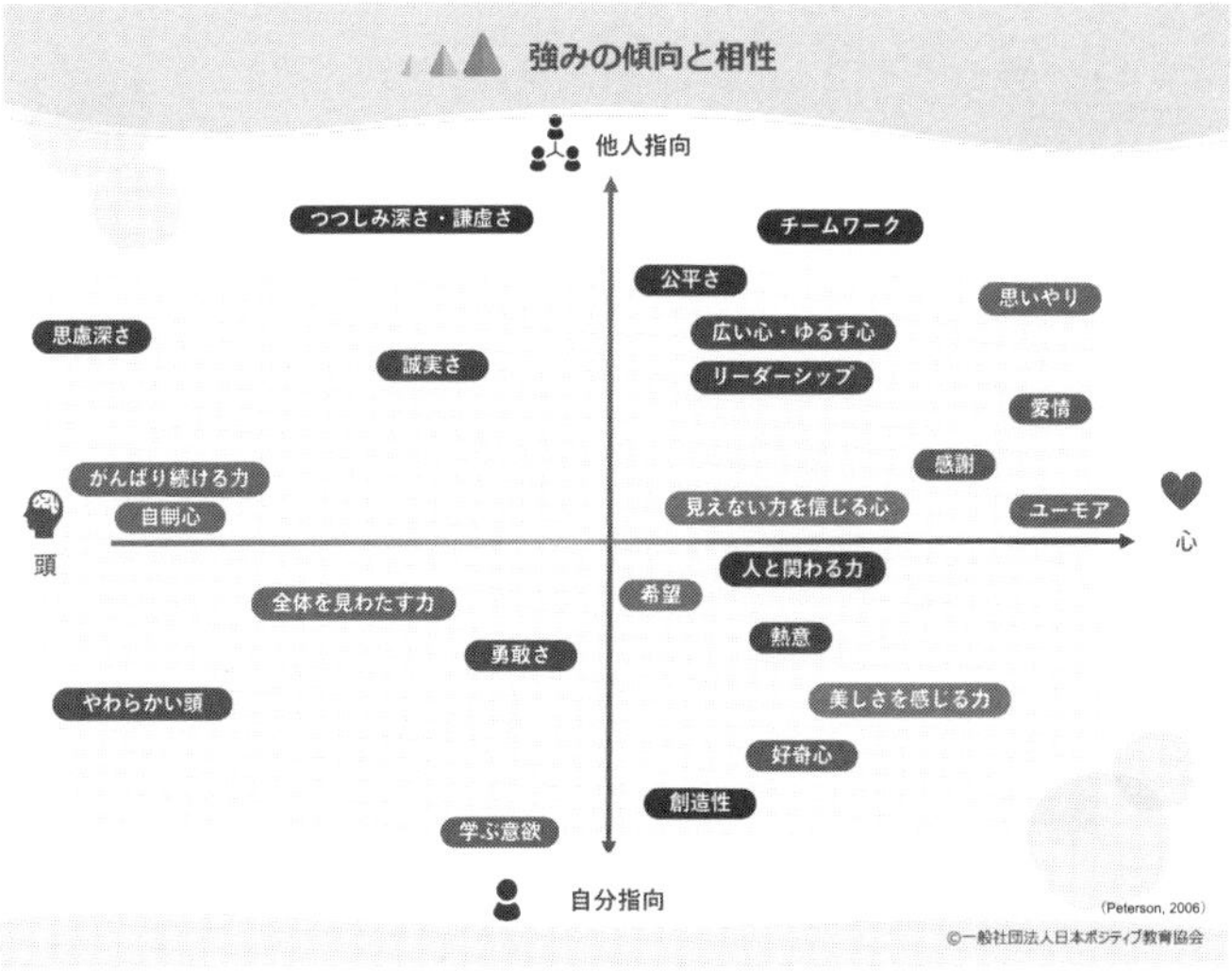
強みの傾向と相性
他人指向
自分指向
頭
心
つつしみ深さ・謙虚さ
チームワーク
公平さ
思いやり
思慮深さ
広い心・ゆるす心
誠実さ
リーダーシップ
愛情
感謝
がんばり続ける力
見えない力を信じる心
ユーモア
自制心
人と関わる力
希望
全体を見わたす力
熱意
勇敢さ
美しさを感じる力
やわらかい頭
好奇心
創造性
学ぶ意欲
(Peterson, 2006)
©一般社団法人日本ポジティブ教育協会

世間のイメージやこれまで耳にしただれかの話は自分に当てはまるものばかりではありません。**自分らしさがよくわからないと感じたとき、自分にラベル付けをしていないか確認《かくにん》してみましょう。**

【強みのバランス】

これらの性格的な強みは「強みの傾向と相性」の図にあるように、「頭を使う強み（頭）」―「心を使う強み（心）」（横軸）「他人に向けて発揮する強み（他人指向）」―「自分に向けて発揮する強み（自分指向）」（たて軸）の4つのカテゴリーに分けることができます。

自分の強みを探して丸をつけてみましょう。自分の強みはどんな傾向《けいこう》が見られるでしょうか?

また、上位にない強みは、まだ発揮できていない強みであると考えます。24の性格的な強みはだれもが持っています。ですから、もし「こんな強みがあったらいいな」と思う強みがあれば、いつからでも育てることはできるのです。

育てる方法は、意識的にその強みを使うことです。どんなふうに使えるか考えてみてくださいね。

【強みを意識して使ってみよう】

強みがわかったら日常生活で意識して使ってみましょう。毎日の生活の中で自分の強みを使うことで、その恩恵《おんけい》を得ることができます。

例えば、人と関わる力が強みのAさんは、テスト前には友達に声をかけて一緒《いっしょ》に勉強に取り組みます。大局観（全体を見わたす力）が強みのBさんは、テスト勉強の計画を立てて、テストまでの全体計画ができるとやる気が湧《わ》いてきます。

このように、自分の強みを使ってどんなことができるかを考えてみましょう。

【強みの使いすぎに注意⁉】

いつも楽しいことが大好きなCくん。友達のペットが亡《な》くなったと聞いて、元気づけようとして友達に冗談《じょうだん》を言って笑わせようとします。しかし友達は無神経だと怒《おこ》ってしまいました。

とても優《やさ》しくて思いやりのあるDさん。今日は早く帰りたいけど、友達が宿題を手伝ってほしいと言うので、学校に残って教えることになりました。そのため楽しみにしていたアニメが観《み》られなくなってしまいました。

Cくんのユーモア、Dさんの思いやりはとても素敵《すてき》な性格的な良いところです。しかし、二人とも強みを使いすぎることによって、友達を傷つけたり、自分が疲《つか》れてしまっています。

これらの性格的ないいところ＝「強み」は、自然に発揮していることが多いのです。二人のように、自然に発揮しやすいがゆえに、使いすぎてしまうことが多々あります。

強みの研究者であるリー・ウォーターズ博士は、強みは調整することが大切であると言っています。Cくんの場合、ユーモアという素敵《すてき》な強みを持っていますが、相手の状況《じょうきょう》を見ながらユーモア度を

調節できたらいいですよね。Dさんの場合も、思いやりという素晴《すば》らしい強みを持っているので、自分にも同じように思いやりを向けられるとより良い発揮の仕方ができるでしょう。

このように、強みを発揮しているはずなのに、なんだかうまくいかないというときには、使いすぎていないか考えてみましょう。

ワーク 強み自己紹介《しょうかい》――オリジナル名付け――

これまで性格的な強みについて一緒《いっしょ》に考えてきました。あなた自身の性格的な強みがわかってきたのではないでしょうか？

これを相手にも伝わるように自己紹介《しょうかい》を作ってみましょう。

素敵《すてき》な自分をみんなにPRしてみましょう！

「強み自己紹介」例

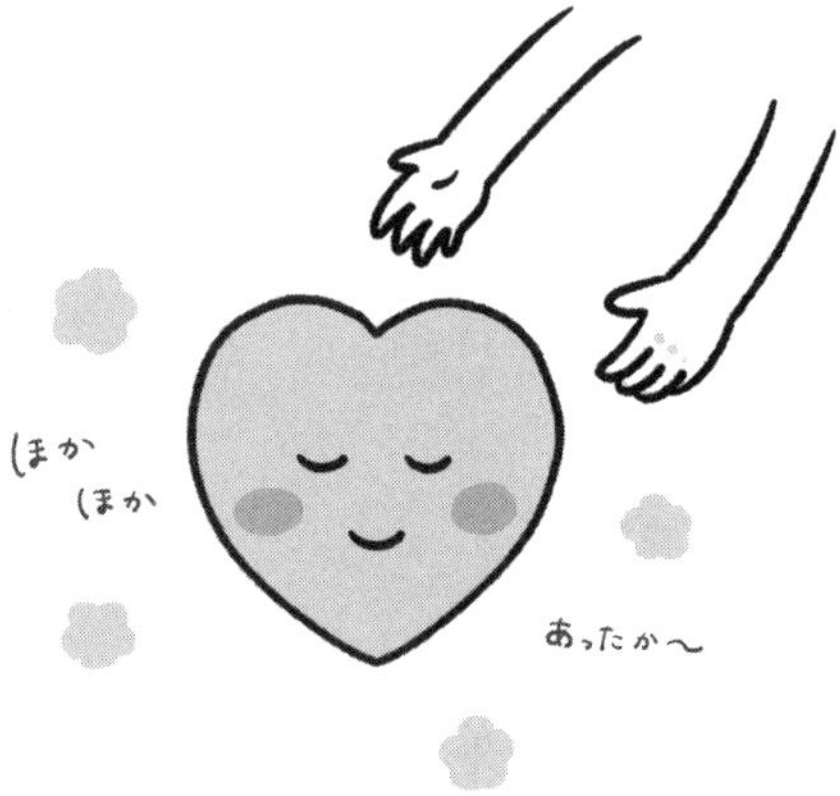

ラベル：「みんなの心をあたたかくするヒーター」

・自分の強みの言葉を並べてみて、自分なりの新しいラベル（名前）をつける。
・絵にする。
・どんな言葉で説明するか、紹介《しょうかい》するか考えてみましょう。
※動物、食べ物、建物、乗り物、ヒーロー、何でもOK！

方法50 強みを使って仲良くなろう

このように、強みについて知ると、家族や友達の強みも見えてくるのではないでしょうか？　私たちはどうしてもネガティブな側面（短所）に目が向きがちです。脳の働きとしてネガティブな側面に注目をしてしまうことはP39でご説明しました。

だからこそ、人間関係においても、相手の良い面を探そうとすることはとても大切なことなのです。

だれかの強みを見つけたらぜひそれを伝えてあげてください。「いつも素敵《すてき》な絵を描《か》くね。想像する力があるよね！」「みんなが気づかないことを発見するのが上手だね」などと、どんな行動が相手の強みを表現しているのかを伝えてあげることで、相手は自分を理解してもらえた、と感じてとてもうれしい気持ちになります。人は自分のいいところをなかなか見つけられないものなのです。ぜひ見つけるお手伝いをしてあげてくださいね。

自分の強みを知って、自分らしさを大切に受け入れたとき、自分が必要とする選択《せんたく》ができるようになります。これまでもたくさんの大変なことを乗《の》り越《こ》えてきたのだから、これからも必ず乗《の》り越《こ》えていけます。それでも辛《つら》いときは、だれかに頼《たよ》ることも逆境や困難を乗《の》り越《こ》える力「レジリエンス」です。「レジリエンス」を育てて自分らしく幸せな大人になりましょう。

おわりに

最後まで読んでいただき、ありがとうございます。

私がレジリエンスに興味を持ち研究を始めたきっかけは、高校時代の大きな挫折《ざせつ》にあります。アメリカ留学中に勉強も人間関係も思うようにいかず不登校になりました。自宅で学習しながら大学入学資格検定（現在の高等学校卒業程度認定試験）を取得して大学に進学しましたが、途中《とちゅう》、「どうしてこんなに辛《つら》い思いをしなければいけないのだろうか」「もう投げ出したい」と何度も思いました。そして使命だと思えることに出会い、オーストラリアの大学院で学ぶまで約20年を要しました。

今となれば、これまでの挫折《ざせつ》や失敗があったからこそ、今の仕事ができていると感じています。その時はマイナスとしか思えなかったことも、長い人生において、自分を支えてくれる力にもなり得ることを知りました。

同時に、悩《なや》むことや難しいことは、長い人生の中で避《さ》けては通れないことも知りました。どれだけ頑張《がんば》っている人にでも、悲しい気持ちになったり、怒《おこ》りたくなったり、動揺《どうよう》したり、怖《こわ》いと感じたりするような出来事は起こるものです。

幸せに生きることは、これらのネガティブな気持ちを無視して、いつもポジティブでいることではありません。私たちがすべきことは、できるだけ現状をよりよくしていこうと、自分の人生に積極的な態度で臨み、出来事に対応することです。まさに、自分の人生を歩む覚悟《かくご》を持つことであり、レジリエンスを育てていくことなのです。

皆《みな》さんにとって、この本が、人生の逆境を乗り越《こ》え、自分らしく幸せに生きるための一助となれば、これほど嬉しいことはありません。皆《みな》さんが歩む道を、いつも応援《おうえん》しています。

最後に、この本は、いつも一緒《いっしょ》に活動をしている一般《いっぱん》社団法人日本ポジティブ教育協会の仲間、これまでレジリエンス教育を受けてきてくれた生徒達、多くの知見を世に送り出してくれた研究者の方々の力なしでは書くことができませんでした。多大なお力をお貸しいただき、ありがとうございました。

足立啓美

令和五年　春の始まりを感じて……。

参考文献

『見つけてのばそう！自分の「強み」』著：足立啓美・吾郷智子、監修：日本ポジティブ教育協会（小学館）
『子どもの心を強くする すごい声かけ』足立啓美（主婦の友社）
『子どもの「逆境に負けない心」を育てる本』著：足立啓美・鈴木水季・久世浩司、監修：イローナ・ボニウェル（法研）
『子どもの逆境に負けない力「レジリエンス」を育てる本』足立啓美・鈴木水季（法研）
『イラスト版 子どものためのポジティブ心理学』著：足立啓美・岐部智恵子・鈴木水季・緩利誠、監修：日本ポジティブ教育協会（合同出版）
『きみのこころをつよくする えほん』監修：足立啓美、絵：川原瑞丸（主婦の友社）
『ポジティブ心理学が1冊でわかる本』著：イローナ・ボニウェル、監訳：成瀬まゆみ、訳：永島沙友里・松田由美・佐布利江・神前珠生（国書刊行会）
『Personal well-being lessons for secondary schools: positive psychology in action for 11 to 14 year olds』Ilona Boniwell（Open University Press）
「Lessons from Roseto 20 years later: a community study of heart disease」Bruhn, J. G., Philips, B. U., Jr, & Wolf, S.（Southern medical journal, 75(5), 575-580.）
『「やればできる!」の研究』著：キャロル・S・ドゥエック、訳：今西康子（草思社）
『ポジティブな人だけがうまくいく3:1の法則』著：バーバラ・フレドリクソン、監修：植木理恵、訳：高橋由紀子（日本実業出版社）
「JPEA SPARKレジリエンスプログラム指導書」編：一般社団法人日本ポジティブ教育協会
『奇跡の人 ヘレン・ケラー自伝』著：ヘレン・ケラー、訳：小倉慶郎（新潮社）
『自由への長い道 ネルソン・マンデラ自伝（上・下）』著：ネルソン・マンデラ、訳：東江一紀（ＮＨＫ出版）
『Character Strengths Interventions: A Field Guide for Practitioners』Ryan M. Niemiec（Hogrefe & Huber Pub）
『ポジティブ心理学の挑戦』著：マーティン・セリグマン、監訳：宇野カオリ（ディスカヴァー・トゥエンティワン）
『世界でひとつだけの幸せ』著：マーティン・セリグマン、訳：小林裕子（アスペクト）
「From character strengths to children's well-being: Development and validation of the character strengths inventory for elementary school children」Shoshani, A., & Shwartz, L.（Frontiers in Psychology, 9, 2123.）
「What do you do when things go right? The intrapersonal and interpersonal benefits of sharing positive events」Gable, S. L., Reis, H. T., Impett, E. A., & Asher, E. R.（In Relationships, well-being and behaviour：pp.144-182.Routledge）

一般社団法人日本ポジティブ教育協会

一人一人が幸せにたくましく生きる力、子どもたちが意欲をもって学び続ける力をはぐくむ「ポジティブ教育」の学校・家庭・地域における普及を行う。

ポジティブ心理学を活用した実証ベースの「レジリエンス教育」および「ポジティブ教育」の教育プログラム作成、講師派遣、講演会などを実施。

2014年から現在までに、100名を超える認定トレーナーは、企業から学校まで幅広くレジリエンスを伝える講師として活躍している。顧問はイローナ・ボニウェル博士。

ホームページ http://www.j-pea.org

〈主な書籍〉
『見つけてのばそう！自分の「強み」』（小学館）
『子どもの心を強くする すごい声かけ』（主婦の友社）
『子どもの逆境に負けない力「レジリエンス」を育てる本』（法研）
『イラスト版 子どものためのポジティブ心理学』（合同出版）
〈監修書籍〉
『きみのこころをつよくする えほん』（主婦の友社）

〈著者紹介〉
足立啓美（あだち・ひろみ）
一般社団法人日本ポジティブ教育協会代表理事。公認心理師。認定ポジティブ心理学コーチ。メルボルン大学大学院ポジティブ教育専門コース修了。国内外の教育機関で10年間の学校運営と生徒指導を経て現職。現在は、ポジティブ心理学をベースとした教育プログラムの開発、小学校~高校、適応指導教室などさまざまな教育現場で、レジリエンス教育の講師として活躍中。ポジティブメンタルヘルスや組織開発にかかわる企業研修、ポジティブ心理学コーチとして管理職向けコーチングも行う。共著に『子どもの「逆境に負けない心」を育てる本』（法研）、『イラスト版 子どものためのポジティブ心理学』（合同出版）、『見つけてのばそう！自分の「強み」』（小学館）、著書に『子どもの心を強くする すごい声かけ』（主婦の友社）、監修書に『きみのこころをつよくする えほん』（主婦の友社）がある。

装幀・本文デザイン=bookwall
装画=慧子
本文イラスト=月村おはぎ
Blue-mallow

凹《へこ》んでも大丈夫！
「逆境力」が育つ50の方法

2023年4月3日　第1版第1刷発行

著　者　足立啓美
発行者　永田貴之
発行所　株式会社ＰＨＰ研究所
東京本部　〒135-8137　江東区豊洲5-6-52
児童書出版部　☎03-3520-9635（編集）
普及部　☎03-3520-9630（販売）
京都本部　〒601-8411　京都市南区西九条北ノ内町11
PHP INTERFACE　https://www.php.co.jp/

印刷所　株式会社光邦
製本所　東京美術紙工協業組合
© Hiromi Adachi 2023 Printed in Japan
ISBN978-4-569-88102-7
※本書の無断複製（コピー・スキャン・デジタル化等）は著作権法で認められた場合を除き、禁じられています。また、本書を代行業者等に依頼してスキャンやデジタル化することは、いかなる場合でも認められておりません。
※落丁・乱丁本の場合は弊社制作管理部（☎03-3520-9626）へご連絡下さい。
送料弊社負担にてお取り替えいたします。
NDC141 173p 20cm